四川省社会科学后期资助项目

# 突发事件舆论引导实务

刘洋 著

 四川大学出版社

责任编辑:王天舒
责任校对:喻　震
封面设计:胜翔设计
责任印制:王　炜

### 图书在版编目(CIP)数据

突发事件舆论引导实务 / 刘洋著. —成都:四川大学出版社,2017.12(2024.3重印)
ISBN 978-7-5690-1512-6

Ⅰ.①突… Ⅱ.①刘… Ⅲ.①突发事件-应急对策-研究　Ⅳ.①D035.34

中国版本图书馆 CIP 数据核字（2017）第 323163 号

| | |
|---|---|
| 书名 | 突发事件舆论引导实务 |
| 著　者 | 刘洋 |
| 出　版 | 四川大学出版社 |
| 地　址 | 成都市一环路南一段24号（610065） |
| 发　行 | 四川大学出版社 |
| 书　号 | ISBN 978-7-5690-1512-6 |
| 印前制作 | 四川胜翔数码印务设计有限公司 |
| 印　刷 | 四川五洲彩印有限责任公司 |
| 成品尺寸 | 148 mm×210 mm |
| 印　张 | 6 |
| 字　数 | 164 千字 |
| 版　次 | 2018 年 3 月第 1 版 |
| 印　次 | 2024 年 3 月第 4 次印刷 |
| 定　价 | 32.00 元 |

◆读者邮购本书,请与本社发行科联系。
电话:(028)85408408/(028)85401670/(028)85408023　邮政编码:610065

◆本社图书如有印装质量问题,请寄回出版社调换。

◆网址:http://press.scu.edu.cn

版权所有◆侵权必究

# 前　言

1998年年底，新浪网的上线标志着中国商业网站 Web 1.0 时代的开启。近20年来，互联网开放、共享的技术基因对网民/用户的赋权（Empowerment）在不断地升级演变，大数据背景下基于算法升级并强调用户个性化选择信息的 Web 3.0 时代似乎又加剧了所谓后真相（Post-truth）时代的社群焦虑。2016年，因美国总统大选和英国脱欧公投而产生的热词"后真相"被《牛津词典》收录，即"诉诸情感及个人信念，较客观事实更能影响民意"。如果说这个来自西方的话语离我们比较远的话，那么2016年年初被认定为假新闻的"上海女孩逃离江西农村"事件，以及2017年年底持续刷屏的青岛留日女学生江歌遇害案在网络空间煽起的颇具情绪化的"公共舆论"（Public Opinion），又让我们切身感受到了后真相离我们如此之近。大数据时代传播生态环境的变革裹挟着后真相时代的焦躁、非理性的情绪扑面而来，这既是新时代国家治理现代化征程中的时代背景，也是党的新闻舆论工作面临的现实挑战。

党的十八大以来，以习近平同志为核心的党中央高度重视新闻舆论工作，习近平总书记多次召开会议研究相关问题、发表重要讲话、作出重大部署。2016年2月19日，习近平总书记主持召开党的新闻舆论工作座谈会并发表重要讲话，深刻阐述了做好党的新闻舆论工作的重大意义、职责使命、方针原则、创新发展等一系列重大问题。2017年10月18日,习近平总书记在十九大报告中再次强调,高度重视传播手段建设和创新,提高新闻舆论传播力、引导力、影响力、公信力。习近平总书记关于党的新闻舆论工作的系列重要讲话,既一脉相承,又不断深化创新,形成了具有时代性、创新性、系统性的中国特色新闻思想,极大丰富和发展了马克思主义新闻观,是做好新时期党的新闻舆论工作的重要理论指引。学习贯彻习近平总书记关于新闻舆论工作的系列重要讲话精神,做好突发事件新闻舆论工作,不仅直接关系突发事件的处置成败,也是检验党和政府治理能力和水平高低的一个重要标志。基于这种现实考量,我们认为有必要及时梳理总结突发事件舆论引导工作的得失,以助于我们真正读懂习近平新时代中国特色社会主义思想在新闻宣传领域的内涵。

当审慎地翻看2000年以来中国突发事件"历史档案"时,我们也不禁发出意大利史学家克罗奇"一切真历史都是当代史"的感喟。当庆幸2003年的"非典"疫情处置推进了中国新闻发布制度的完善之时,2011年国务院"7·23"甬温线特大铁路交通事故调查组认定"事故抢险救援过程中,铁道部和上海铁路局存在处置不当、信息发布不及时、对社会关切回应不准确等问题,在社会上造成不良影响"的结论依然在耳边轰轰作响。因为在后续的一些突发事件中,一些机构或企业组织依然在或多或少地犯这类"低级失误"。平心而论,突发性事件舆论引导之所以难于驾驭,在一定程度上与突发事件的不可预料性、负面性、复杂性、敏感性、影响力大等特点有关。同时,媒介化社会之中,传播关系的网络化和传播技术的数字化这两个核心特征,在移动互联网时代表现得更为明显。这使得各类灾难和突发事件不仅在传播的时空维度上大大延伸,也加剧了其复杂性。因此,认真做好突发公共事件的新闻发布和舆论引导工作,运用媒介的力量来减缓乃至化解社会矛盾和危机,维护社会稳定、营造良好氛围,已经成为各级党委、政府和领导干部高度关注、亟待解决的重大课题,也是政府从政治传播的高度维护与公众良性关系的题中应有之义。

诚如传播学者陈先红教授所言,"公共关系是一种讲故事的话语实践"。在面对网民使用各类新媒体开启 UGC 用户生产内容模式(User Generated Content),用自己的麦克风"讲故事",甚至把"故事讲大"之时,部分政府部门和新闻单位仍然存在公关失位、无所适从的现象,不知道如何讲述"自己的故事",即不知道如何做好突发事件的舆论引导工作,不知道如何管理服务现场记者采访,不知道为境内外媒体和公众提供什么"故事素材"。在实际工作中,我们发现许多突发事件爆发的舆情,主要缘于应对不当、组织不力,一些本来很正常的处置工作演变成大规模的突发舆情,严重影响了政府的公信力和形象。

作者基于多年与媒体打交道和从事突发事件舆论引导工作的经验,结合各级党委政府以及企业在突发事件舆论引导中存在的一些问题和困惑,全面、系统、完整地总结了突发事件舆论引导的原则,结合最新的案例分类提出了各种突发事件舆论引导处置的工作流程,详细整理了突发事件舆论引导的注意事项,鲜明地提出党政领导干部应具备的媒介素养,以便更加从容自觉地应对突发事件舆情,做好突发事件舆论引导,切实提升政府等机构维护公关关系的水平。

本书共分四章,分别对突发事件舆论引导原则、突发事件舆论引导分类处置办法、突发事件舆论引导应对技巧、突发事件舆论引导的媒介素养,针对不同类型的突发事件舆论引导需要的政策支持、领导机构、运作方式、工作流程和引导技巧,提出了相应的模式。

本书最大特点是针对性强、实用性强,通俗易懂、易于操作。它不仅是一本宣传部门的参考书,也是新闻学院学生适用的教科书。

因时间和作者能力原因,本书难免有不足之处,对于书中的纰漏和不足,敬请读者朋友指正。

# 目 录

## 第一章 突发事件舆论引导原则……………………（ 1 ）

第一节 涉事部门（地方）是突发事件舆论引导的第一
主体……………………………………………（ 2 ）
一、切实落实意识形态责任制…………………（ 3 ）
二、健全突发事件舆论引导保障机制…………（ 6 ）
三、加强突发事件舆论引导培训演练…………（ 10 ）

第二节 提前预警是突发事件舆论引导的最有效措施
……………………………………………………（ 13 ）
一、舆情预警的基础是发现要早…………………（ 13 ）
二、舆情预警的关键是研判要准…………………（ 15 ）
三、舆情预警的核心是处置要快…………………（ 18 ）

第三节 开诚布公是突发事件舆论引导的最好办法……（ 21 ）
一、积极推动事件处置部门及时发布权威信息…（ 22 ）
二、灵活运用多种方式对外发布信息……………（ 24 ）
三、主动设置议题发布信息引导舆论……………（ 26 ）

第四节 善待媒体是突发事件舆论引导的中心环节……（ 28 ）
一、依法依规有序管理现场采访…………………（ 29 ）
二、分阶段有力引导记者采访报道………………（ 31 ）
三、竭力做到后勤保障有求必应…………………（ 32 ）

## 第二章 突发事件舆论引导分类处置办法……………（ 36 ）

第一节 自然灾害的舆论引导………………………（ 37 ）

一、工作流程……………………………………（37）
　　二、工作重点……………………………………（41）
　　三、工作技巧……………………………………（46）
　　四、案例借鉴……………………………………（48）
  第二节　事故灾难的舆论引导……………………（54）
　　一、工作流程……………………………………（55）
　　二、重点工作……………………………………（57）
　　三、工作技巧……………………………………（60）
　　四、案例借鉴……………………………………（61）
  第三节　社会安全事件的舆论引导………………（67）
　　一、工作流程……………………………………（67）
　　二、重点工作……………………………………（68）
　　三、工作技巧……………………………………（69）
　　四、案例借鉴……………………………………（71）
  第四节　司法案件的舆论引导……………………（75）
　　一、工作流程……………………………………（76）
　　二、重点工作……………………………………（78）
　　三、工作技巧……………………………………（82）
　　四、案例借鉴……………………………………（86）
  第五节　社会关注的敏感事件的舆论引导………（90）
　　一、工作流程……………………………………（91）
　　二、重点工作……………………………………（93）
　　三、工作技巧……………………………………（95）
　　四、案例借鉴……………………………………（96）

第三章　突发事件舆论引导应对技巧……………（98）
  第一节　突发公共事件舆论引导常见错误做法…（99）
　　一、百般阻挠……………………………………（99）
　　二、推卸责任……………………………………（102）

# 目录

三、引导乏力……………………………………（105）
第二节　防止处置中舆论次生灾害的注意事项……（109）
　一、利益分配失衡………………………………（110）
　二、政府职能"越位"或"缺位"………………（111）
　三、防止基层干部不作为、乱作为……………（112）
第三节　突发公共事件处置中需要增强的三种意识…（115）
　一、强化公关意识………………………………（115）
　二、强化风险意识………………………………（117）
　三、强化形象意识………………………………（119）
第四节　突发事件舆论引导的应对技巧……………（121）
　一、第一时间发布权威信息，才能占领舆论制高点
　　　………………………………………………（121）
　二、坚持公开透明处置，才能掌握舆论引导主动权
　　　………………………………………………（122）
　三、善用"第三方"声音，才能避免谣言滋生蔓延
　　　………………………………………………（123）
　四、主动对外坦诚真实内容，在道义上就会立于不
　　　败之地………………………………………（124）
　五、注重人文关怀，才能赢得媒体支持………（125）
　六、保持对外一致口径，才能有效引导舆论…（126）
　七、信息发布留有余地，才能实现动态调控…（127）
　八、细化区分报道程度，才能实现精准引导…（127）
　九、建立扁平化指挥机构，才能高效有序组织舆论
　　　引导…………………………………………（128）

第四章　突发事件舆论引导的媒介素养……………（130）
第一节　提高应对突发舆情的能力…………………（131）
　一、增强新闻舆论引导的意识…………………（132）
　二、提高互联网新媒体思维……………………（134）

3

三、增强议题设置的意识……………………………(138)
第二节　提高应对媒体采访的能力…………………………(140)
　　一、增强媒体意识…………………………………(141)
　　二、支持记者采访…………………………………(144)
　　三、推进媒体日常合作……………………………(148)
第三节　提高应对舆论监督的能力…………………………(150)
　　一、阳光行政，防患于未然………………………(150)
　　二、主动出击，有效应对…………………………(152)
　　三、积极补救，化危为机…………………………(154)
第四节　提高新闻发布的能力………………………………(156)
　　一、提高统筹组织能力……………………………(156)
　　二、提高有效引导能力……………………………(158)
　　三、提高现场掌控能力……………………………(161)

后　记……………………………………………………………(165)
附件一……………………………………………………………(166)
附件二……………………………………………………………(169)
附件三……………………………………………………………(180)

# 第一章　突发事件舆论引导原则

我国疆域辽阔，地形复杂，气候多样，突发事件事无常例、时有发生。突发事件，指突然发生的造成或可能造成重大人员伤亡、财产损失、生态环境破坏和严重社会危害，危及公共安全的紧急事件。突发事件往往危及群众的生命财产，会不同程度地给政府部门造成经济和形象上的破坏与损失。灾难及突发性事件舆论引导之所以难于驾驭，在一定程度上与突发事件的不可预料性、负面性、复杂性、敏感性、影响力大等特点有关。在网络时代，信息传播速度更快、范围更广、渠道更多，舆论场日益复杂多变，舆论把控难度越来越大。借突发事件问责政府成为一种倾向，热点问题引发连带炒作，局部"小事情"可能牵一发而动全身，酿造成突发舆论大事件。因此，如何针对突发事件进行舆论引导，是长期困扰各级宣传部门的一道难题，更是一个考验各级领导干部执政能力的问题。认真做好突发公共事件的新闻发布和舆论引导工作，运用传媒的力量来减缓乃至化解社会矛盾和危机，维护社会稳定和凝聚群众力量，对于提高政府治理能力具有重大意义。

要做好突发事件新闻舆论工作，必须"从时度效着力，体现时度效要求"入手，既要考虑政治性，也要兼顾专业性。时效决定成效，把握好时机、节奏，重视"首发效应"，做好"早"和"快"的文章，舆论引导就能事半功倍；分寸就是水平，对度的把握是舆论引导的大学问，精心把控、精准拿捏，恰如其分、恰到好处，舆论引导才能取得理想效果；效果体现导向，新闻舆论工作最终要看效果，应以赢得群众口碑为追求、以凝聚社会共识为旨归。

总的来说，由于公共突发事件造成的社会负面影响大，处置时机稍纵即逝，舆论引导需要多部门密切配合、果断决策、迅速干预、协调解决。各级部门应该按照意识形态责任制要求，时刻关注辖区内的各方面舆情，搞好提前研判预警，按照"及时准确、公开透明、有序开放、有效管理、正确引导"的20字方针，分析原因、选择时机、找准角度、讲究艺术、主动回应，做到事半功倍，为事件处置提供有力舆论支持。

## 第一节　涉事部门（地方）是突发事件舆论引导的第一主体

习近平总书记强调，"做好党的新闻舆论工作，事关旗帜和道路，事关贯彻落实党的理论和路线方针政策，事关顺利推进党和国家各项事业，事关全党全国各族人民凝聚力和向心力，事关党和国家前途命运。必须从党的工作全局出发把握党的新闻舆论工作，做到思想上高度重视、工作上精准有力"。这一论述充分表明了党的新闻舆论工作是一项政治性工作，是对新闻舆论工作最好的提纲挈领。突发事件的新闻舆论引导也不例外，是政治性很强的业务工作，也是业务性很强的政治工作，更是一件复杂的系统工程，需要当事的相关部门和主要责任人综合履行职责、勇于担当。2016年7月，国务院办公厅下发《关于政务公开工作中进一步做好政务舆情回应的通知》，从制度层面明确政务舆情回应的责任主体，依照属地管理、分级负责、谁主管谁负责原则，特别强调新闻发布第一责任主体涉事政府部门。2016年11

月，中共中央办公厅、国务院办公厅下发《关于全面推进政务公开工作的意见》，明确指出把政务公开工作纳入绩效考核体系，加大分值权重，落实好的予以表彰，落实不到位的通报批评，不公开或公开不当的依法追责。2017年11月30日，中共中央政治局召开会议，审议通过《中国共产党党务公开条例（试行）》，要求及时回应党员和群众关切，以公开促落实、促监督、促改进。

## 一、切实落实意识形态责任制

人心是最大的政治，舆论是强有力的武器。从历年来突发事件舆论引导案例中能够发现，是否有效引导舆论，直接影响社会稳定、影响政府形象、关系党的执政能力建设。突发事件来临，群众急需知道事实真相和自身处境，外界高度关注事态进展和处置措施，如果新闻宣传指挥失灵、失效，就容易引发各界猜测，导致负面声音甚嚣尘上，引发更大面积的恐慌和社会不稳定。因此，做好突发事件新闻舆论引导工作，不仅仅是宣传部门的工作体现，还是一种高级的领导艺术，更是一级党委政府治理能力和治理体系现代化的体现。党委政府在全力处置突发事件同时，应切实落实意识形态责任制，避免由于新闻舆论引导不当引发次生危机。

1. 加强党委领导才能管根本

习近平总书记指出，加强和改善党对新闻舆论工作的领导，是新闻舆论工作顺利健康发展的根本保证。各级党委要自觉承担起政治责任和领导责任。各级党委主要负责同志和分管意识形态工作的领导同志，应该旗帜鲜明地站在意识形态工作第一线，责无旁贷承担起政治责任。党委主要负责同志应带头抓意识形态工作，带头阅看本地区本部门主要媒体的内容，带头把握本地区本部门媒体的导向，带头批评错误观点和错误倾向，加强对意识形态领域重大问题的分析研判和重大战略性任务的统筹指导。对意识形态工作领导不力、造成严重后果的，特别是对突发事件舆论引导不力的，应当严肃约谈问责；对社会关切不回应、重要信息不发布的，要严肃批评、公开通报；对弄虚作假、隐瞒事实、欺骗公众，造成严重影响的，要依法依纪追究相关单位和人员责任。

2. 以上率下才能压实责任

"人不率则不从，身不先则不信。"高效的新闻舆论引导在很大程度上依赖"一把手"机制，主要领导要坚持以上率下、带头担责，各级自会层层抓落实，主动推动。因此，主要领导特别是"一把手"真正重视、真心重视，是做好突发事件舆论引导的核心和关键。各级党委要进一步增强"四个意识"，自觉承担起新闻舆论工作的政治责任和领导责任，在突发事件新闻舆论工作中靠前指挥、亲自把关，加强指导和调控。关键时刻，各级党委政府还要承担起新闻和信息的及时发布者、权威递料者、自觉把关者的角色，特别是在出现负面舆情时，早说比晚说好，自己说比别人说好，主动发布信息，积极引导舆论。

3. 齐抓共管才能形成合力

突发事件的处置工作是一个复杂的系统工程，需要协调的部门众多、内容丰富、形式多样，新闻舆论引导是一个重要组成部分。客观地说，对一个地方而言，突发事件的出现是不可避免的。而其中的一些群体性事件，多是公众诉求得不到合理解决而产生的，是人民内部矛盾。如果沟通及时，政策宣传解释到位，有可能瞬间化解。如果处置不当，信息不畅通，社会性利益冲突就有可能向政治性漂移，涉及民心向背，就会在短时间内损害群众心中的党政机关形象，甚至影响各级党委政府的公信力。负责处置的部门全程参与突发事件处置过程，无论在突发事件发展的各个阶段，还是在突发事件处置的各个环节，都是决策、协调的中枢机构，掌握着核心、权威信息。因此，负责处置的地方和部门是突发事件新闻舆论引导第一责任主体，本级政府办公厅（室）会同宣传部门做好组织协调工作，涉事单位和部门有义务配合做好信息发布工作，及时、准确、客观、全面地发布事件信息；涉事责任部门实行垂直管理的，上级部门办公厅（室）会同宣传部门做好组织协调工作；对涉及多个地方的政务舆情，上级政府主管部门是舆论引导第一责任主体，本级办公厅（室）会同宣传部门做好组织协调督促工作；对特别重大舆情，本级政府主要负责同志要切实负起领导责任，指导、协调、督促相关部门做好舆情回应工作。

4. 协同推进才能有力有序

突发事件处置是一个高度复杂的系统工程。不仅实体处置和舆论引导都需要技巧，而且二者之间要高度协调同步。党委政府要从全局的高度、以系统科学的思维处置突发事件，确立新闻舆论引导与事件本身处置同等重要的思想，从全局上把握基调，从整体上考量效果，坚持同部署、同推进、同督促，既认真研究事件处置，也认真研究舆情引导，做到重点环节亲自协调、重要难题亲自督办，切实为新闻舆论引导工作提供坚强有力的政治保证和组织保证。事件处置工作结束后，要对新闻舆论引导工作进行总结评估，纳入事故调查处理报告中。宣传部门要根据中央要求，积极主动地向主要负责同志汇报本地区宣传思想动态，潜移默化增强舆论引导意识和媒介素养，切实履行好指导、组织、协调、督查和抓好落实的职责，积极协调同级党委把意识形态工作纳入巡视内容，严格年终绩效考核、目标管理和督察，结合地方实际细化突发事件引导效果的标准，确保突发事件舆论引导有力有序。突发事件发生后，特别要说服主要领导接受宣传部门舆论引导专业建议，协调高一级的专业指挥人员到现场调控，才会取得较好的效果。

## 二、健全突发事件舆论引导保障机制

制度管根本,机制管长远。突发事件舆论引导贵在早、贵在快,必须建立有效的责任系统和高效的运转机制。只有健全和完善突发事件舆论引导机制,才能从制度上保证事件发生后,舆论引导的各项工作有专门人员负责,有工作方案可循,防止因为职能部门之间相互扯皮推诿,导致延误舆情处置的最佳时机。突发事件发生后,要立即启动预案,实行重大舆情应急响应,与应急、公安、通信、交通等部门协调联动,第一时间与上级宣传部、网信办专人联络,及时汇报工作情况,获取工作层面的指导和支持,控制舆情扩散,迅速开展新闻宣传和舆论引导工作。

1. 要建立完善突发事件舆论引导预案

凡事预则立,不预则废。突发事件的紧迫性、信息不对称性和资源有限性要求快速做出应急决策,建立预案,为准确研判突发事件的规模、性质、程度并合理决策舆论引导应对措施提供科学的思路和方法,快速有效地降低事件本身的负面影响。但不同的突发事件舆论引导有不同的工作重点和方法。不同的地方或单位需要根据自身面临的突发事件风险,分门别类地制定相应的操作手册。操作手册应具有系统性,并有对应的工作系统,包括监测预警系统、决策指挥系统、信息发布系统、现场管理服务体系等综合体系。监测预警系统的主要职能是加强突发公共事件前期舆情的分析与研判,就突发事件的发生及后果做出预告、实施重点监控,并制定预案;决策指挥系统的主要任务是突发事件发生以后,迅速做出选择和反应,正确判断突发事件的新闻价值,并在处置新闻资源上实行统一指挥、统一行动;信息发布系统,就是整合优化新闻资源,对新闻资源进行综合开发利用,通过新闻发布会、吹风会、新闻稿等多种方式及时准确地对外发布消息;现场管理服务体系的主要职责是按照总量控制、持证采访、提供便利、依法管理的要求，尽可能地为记者提供采访、食宿、交通等便利。相关预案要明确突发事件舆论引导的组织指挥体系和职责、新闻发布程序和机制、现场采访服务管理规定和要求、舆情研判和处置等启动程序和重点工作，是为应急准备和应急响应的各个方面所预先做出的详细安排。因此，应急预案是及时、有序、有效开展舆论引导的行动指南。

2. 要建立高效的突发事件舆论引导指挥运转机制

再好的预案不落实也只是白纸一张。许多地方或部门应急预案都很完备，但一遇到突发事件后，涉事部门就会因各种原因相互扯皮推诿，导致延误舆论引导的最好时机，甚至酿成重大舆情。有效落实应急预案关键在于做到"四到位"，即宣传部门领导到位、当事的相关部门公开信息履职到位、对网络舆情的分析研判到位、新闻媒体报道到位。2016年以来，中共中央办公厅、国务院办公厅连续印发《关于全面推进政务公开工作的意见》等多个文件，对各级政府进一步加强突发事件、公共安全等信息的发布，政务公开与政务舆情回应等工作提出明确要求。2017年11月30日，中共中央政治局召开会议，审议通过《中国共产党党务公开条例（试行）》，要求及时回应党员和群众关切，以公开促落实、促监督、促改进。健全突发事件舆论引导指挥运转机制，就是从制度上保证事件发生后有单位牵头、有人指挥、有人发声，各单位的职能到位。各级党委政府在启动突发事件处置机制的同时自动启动突发事件新闻舆论引导机制，成立由宣传部门牵头、处置部门参与的领导小组，在当地党委、政府的统一领导下，组织协调舆论引导工作。处置中要确定一位政府领导分管，建立健全协调机制，明确责任分工，落实具体负责舆论引导的组织协调、指导推进、监督检查工作。各单位在研究和制定处置事件时，要把新闻舆论引导作为重要内容，信息发布、新闻报道要和应急工作一起布置，一起落实，贯穿事件处置全过程，通过不间断地发布新闻信息，动态递进报道，步步深入解析，展示事件本质，使政府始终把握事件的话语权，牢牢掌握舆论引导的主导权。突发事件发生舆论引导指挥机构尽量按照"属地管理"原则，以事发地新闻应急指挥机构为主体，充分动员辖区各部门，形成统一指挥、反应灵敏、协调有序、运转高效的工作机制。领导小组为常设机构，突发事件发生时，立即启动开展工作。宣传部门和网管部门应勇于担起对外舆论引导的领导责任，加强与上级主管部门的联系沟通，及时高效地组织传统媒体和网络等新兴媒体公开信息，指挥宣传报道。当事的相关部门应迅速妥善处置突发事件，主动向社会公开各类信息；加强对舆情的分析研判，及时引导，适时辟谣；加强对新闻单位的指导，明确相关要求，统一报道方向。

3. 要建立完备的突发事件新闻发布机制

突发事件发生后，信息来源众多，往往夹杂着谣言。做好突发事件报道关键要做好信息归口，严控多头发布信息。在新媒体时代，公众接收信息渠道广泛，最有效的办法就是召开新闻发布会，最快捷的方式就是通过官方微信、微博，及时将进程告知公众。尤其是在应对灾难类突发事件的过程中，政府更是处在核心地位，具备公开信息的可能性。而且及时公开信息，有助于避免社会秩序混乱。因此，遭遇突发事件时要加快反应速度，坚持早发现、早疏导、早解决，用客观、公正、权威的声音来发布相关信息，防止不良信息传播。政府是公共信息最大的拥有者和控制者。突发事件发生后，应及时组织研判舆情，迅速选权威渠道发布权威消息。宣传部门要迅速搭建对外发布平台，确保随时可对外发布消息；处置部门要立即收集汇总事件本身和处置进展方面的信息，时刻做好发布准备；指挥部要及时研判舆情，选择发布渠道，指定或授权发布人员，第一时间发布消息，抢占舆论制高点，回应社会关切。

4. 要建立有序的突发事件采访保障机制

在特殊情况下加强新闻宣传指挥需要有特殊举措。在新闻现场或者采访活动中，做好有序管理是首位。突发事件发生后，政府对媒体不是管制而是规范，要在危机中引导舆论，凝聚各方力量。应急新闻宣传工作需要打破常规，建立强有力的组织指挥体系和灵活高效的协作运行机制来服务管理新闻记者。要严格按照"调控总量、持证采访、提供便利、依法管理"等有关规定，实行采访准入制度。要积极主动管理服务媒体采访，协助提供各种采访便利，有序组织现场记者采访，特别要主动为新华社等中央主要新闻媒体记者的采访给予支持。我国实行媒体记者持证上岗制度，对记者证实行统一登记注册管理，是维护新闻采访秩序的重要制度屏障。对于自行前来采访的境外记者，通常按其所属国家或地区的情况确定联系单位。外国记者由外事部门负责联系，港澳记者由新闻办负责联系，台湾记者由台办负责联系，也可由外事、外宣、台办等部门抽调人员联合办公、统一协调。在不影响事故抢险和记者安全的情况下，要制作证件，规范管理，应尽量统一安排一些记者进入现场，或安排可以拍摄现场的区域进行采访。

5. 要建立突发事件舆论引导报道机制

社会心理学者勒庞认为，在危急时刻人群的思想和感情通过暗示和相互传染而进入情绪化的集体无意识状态，这种情绪的爆发常常隐藏着强大的破坏性，容易冲动、失控甚至爆发群体性事件。突发事件发生后，媒体在追求受众注意力最大化的同时还应体现人文关怀，要担当起"稳压器"的职责，以真实信息稳定群众情绪，引导舆论。而这些，仅靠媒体自律是远远不够的，政府应当主动引导媒体报道。因为政府了解的信息更全面，更能代表社会大多数人的利益，更需要对公众承担责任。因此，宣传部门要加强对媒体应急新闻报道的指导，增强舆论引导的前瞻性、主动性、有效性。处置部门应主动梳理社会关注热点、整合媒体报道资源，根据突发事件处置的不同阶段，引导公众理解和支持政府的行动，努力营造有利于化解突发事件的舆论，维护社会的稳定；要通过主动设置议程，对社会舆论进行正确的引导，以主流的意见引导非理性的声音，形成有利于促进发展、增进社会和谐度的舆论氛围；要注重发挥党委政府掌握权威信息的优势，把党委政府想说的与群众想知道的结合起来，主动阐明党委政府的主张，形成舆论议题；要协调自己的媒体，开设醒目、响亮的专栏专题，持续放大宣传效应。特别是在世界媒体关于我国的报道中，我们现在还未能把握主导权。不仅在国际新闻报道上没有话语权，在国家形象塑造上也受制于西方媒体，承受西方媒体妖魔化的压力。各级政府根据西方记者采访的兴趣点，为他们的采访活动提供优质服务，主动设置新闻议程，使其通过自己的采访认识一个富强、民主、文明、和谐的中国，就有可能借助他们的力量，在国际新闻传播中增加有关我国各地的客观、公正、准确的新闻报道的数量。"5·12"汶川特大地震发生后不到半小时，四川省委宣传部相关同志就赶赴四川电视台，组织播报有关信息，第一时间成立了抗震救灾新闻中心，议定工作职责，制定宣传方案，立即启动了灾难及突发事件应急宣传机制，确立"严把导向、突出重点、讲究方式、有力引导、树立新风"的总体思路，设置报道议题，组织全省广大新闻媒体全力为抗震救灾提供舆论支持。新闻中心从一开始就统一抗震救灾信息发布渠道，第一时间要求省和市州主要新闻媒体一律停播停刊广告信息和娱乐节目，为抗震救灾宣传提供一切可能的频道资源、新闻版面和报道时段，为抗震救灾营造了良好舆论氛围。

## 三、加强突发事件舆论引导培训演练

在我国，突发事件舆论引导还处于一个发展阶段，需要进一步提升和规范。在西方国家，新闻舆论的规制与传播起步较早，仅一个新闻发布就有一群人在后台高效运转。突然发生一个事件，没有经过训练的新闻发言人是必然答不好的。更不用说整个突发事件舆论引导这个系统工程，涉及方方面面的要素的整体推进，更需要多次的培训和演练才会事半功倍地做好突发事件新闻舆论引导。特别是新媒体已经渗透到社会系统的每一个角落，党员干部不具备一定的媒介素养，对媒体信息不能正确科学地接受、处理、辨别并加以运用，那么势必与时代脱节，无法适应社会。因此，必须加强平时的培训演练，以增强各部门新闻舆论引导意识，提高广大公务人员媒介素养。

1. 加强舆论引导能力培训

各单位应以推进治理体系、治理能力现代化水平显著提升和全面建成小康社会为目标，加强政府治理理念、治理方式、治理内容、治理手段、治理考核标准、治理信息反馈等方面的学习，加强社会治理、群众工作、应急处突、新闻宣传与舆论引导等方面的培训，不断提高行政机关公务员推动经济社会发展的能力，增强其能为、会为、善为的本领。加强各级党政领导干部的媒介素养培训工作，把突发事件舆论引导纳入各级党校、行政院校的课程体系，列入党委中心组的学习内容，切实将提高媒介驾驭能力作为提高执政能力的重要组成部分。每个单位可通过案例教学、情景教学等方法，让领导干部设身处地去当新闻发言人，处置突发事件，设置政府新闻议程，体会媒体采访，提高突发事件新闻舆论引导意识，掌握媒体传播技巧，学会应对媒体的方法，关注网络、包容网络、接受网络、使用网络，打破干部对媒体和网络的畏惧、畏难心理。

2. 纳入考核评价体系

"春种一粒粟，秋收万颗子。"要把善于应对突发事件舆论作为每一名公务人员的基本功，纳入提高能力建设和工作水平的重要内容，结合实际建立一套科学、合理、有效的突发事件舆论引导培训评估指标体系。强化行政机关公务员培训激励约束机制，实现培训与考核、任职、晋升等环节紧密结合。建立健全培训档案，及时准确记载参训情况和考核结果，将参加脱产培训情况记入公务员年度考核登记表，参加2个月以上脱产培训的情况记入干部任免审批表。2003年9月22日，国务院新闻办首次在北京举办了全国新闻发言人培训班。2004年，四川省对近7000名副处级以上干部进行了"如何面对媒体"专题培训。随后，各地各部门陆续举办了多期新闻发言人培训班，加强干部媒介素养。但各地领导干部媒介素养教育培训机制还没建立，媒介素养课程还没有成为各级党员干部的必修课，媒介素养考评体系还没有建立。为提高党员干部整体媒介素养，应定期进行媒介素养能力培训考核，纳入提拔任用制度。

3. 积极开展模拟实战演练

"纸上得来终觉浅，绝知此事要躬行。"模拟实战演练会让团体更好地掌握突发事件舆论引导配合要点，提高突发事件舆论引导处置能力，培养预见性思维、服务意识和团队意识。围绕突发事件发生后启动应急报道机制、快速发布信息、加强部门联动等每一个环节和细节进行实战演练，通过预设突发事件场景和模拟新闻发布会，能够有效提升快速反应能力和应变能力。国家电网四川公司连续多年举办"突发事件新闻应急劳动竞赛"，以赛代练，公司各单位积极参加比赛，分别从本单位各个专业口选拔队员参赛，实现了全员学习、全员参与、全员提升。演练从收集本单位曾经出现的各种突发事件和舆情开始，让每个单位从搜集舆情、制定预案、撰写新闻稿，到召开新闻发布会等全程参与，极大地提高了领导和员工的新闻素养和舆论引导实战能力，在实际工作中也较好地处置了各类突发舆情。

## 第二节　提前预警是突发事件舆论引导的最有效措施

突发事件舆论引导的关键是事前引导。在信息化条件下，突发事件衍生成快，演化迅速，如不及时发现、妥善处置，就会容易使工作陷入被动。多数突发公共和热点事件并不是一开始就呈现出爆发态势的，而是一些基本的诉求得不到回应，经过一段时间的积累和发酵最终形成的。这就要求各级党政部门积极建立突发公共和热点事件的预警系统，早发现、早应对，把问题解决在萌芽状态。这个预警系统基础就是舆情信息报送研判机制。舆情信息报送的目的就是让领导和相关部门清醒地了解网上和社会面的真实信息，客观反映，为领导决策提供参考。应该指出的是，舆情信息的"真实性"，是指网络和社会面关于某个事件、某个问题的反映，并不表示这些事件、问题在现实中一定是真实的。"少知而迷、不知而盲、无知而乱"，这种舆情与事件真实情况之间存在的差异，正是需要各级领导和相关部门高度重视、主动应对的，要让真相走在谣言之前，及时把问题解决在萌芽状态；否则，预警不力、处置失当，将可能让谣言淹没真相，让小问题变成大舆情，使事态持续放大，甚至发展成群体性事件。因此，各地要加强舆情监测研判预警，提前入手、持续发力，增强工作的预见性和主动性。

### 一、舆情预警的基础是发现要早

"衙斋卧听潇潇雨，疑是民间疾苦声。"一起舆情事件大规模发酵前，往往会经历一个发展过程。敏感舆情事件出现早期，相关问题与矛盾就会显露出苗头，具有引发舆论关注的部分传播特征。从已发生的舆论事件看，重大舆情多数是因为对群众利益考虑不充分、群众矛盾化解不及时、舆论风险评估不到位，群众情绪得不到宣泄，主动在网上或者向媒体爆料产生的。从舆论事件的形成规律来看，除了突发事件和自然灾害，突发舆情总是有一段发酵期，存在群众矛盾激化的引爆点。"什邡钼铜事件"发生前，2011年7月网络上就有相关帖文表达对这一项目的担忧和不满情绪；2012年6月29日钼铜项目开工成为引爆点，使得网上舆论演变成了网下行动。所以，预警贵在"预"，关键要抓早抓小抓源头、发现苗头，及时掌握各种苗头倾向性问题，做到"未动先知，即动即知"。政府部门一旦发现了涉及本地的问题，在发酵期就要采取有效应对措施，及时通过多种渠道释放信息，化解情绪。

1. 建立舆情预警责任体系

舆情风险早发现的基础工作是建立舆情责任体系。政府部门用有效机制落实意识形态责任制，建立分级分工负责预警体系，综合运用网上网下两套系统，把预警的任务落实落细落小。实时梳理辖区各地各部门可能存在的舆情风险点和隐患点，密切部门协同，构建点面结合的多层次舆情风险排查机制。根据一定时期网络舆情发生的特点和规律，统筹敏感时间节点舆情监测，科学调配力量，分门别类地动态监测。在重大政治活动、重大节日以及相关事件爆发初期，组织专门力量及时监控和跟踪。

2. 健全舆情预警分工机制

宣传部门作为舆论引导和舆情收集的职能部门，需要发挥社情民意的"传感器"和思想动态的"温度计"功能，围绕国内外重大事件、社会热点和党委政府重大决策部署，及时了解和反映干部群众的思想动态和变化，有针对性地解疑释惑，化解社会矛盾，疏导社会情绪；网信部门必须对发现的倾向性、苗头性问题，提出对策建议，为党委政府制定政策和指导工作提供权威参考，避免给地方发展造成被动局面；有关职能部门平时需加强政策法规宣传和科普知识，教育引导群众，树立理性平和积极的社会心态。要特别注重发现社会思想出现苗头性、倾向性问题，捕捉公众情绪起伏的重大变化。

3. 创新舆情预警有效手段

进入"互联网＋政务"时代，大数据和政务新媒体成为有关部门提高社会治理效率的有力抓手，在基层尤其如此。大数据是推进国家治理体系和治理能力现代化的重要抓手，将会极大地提供舆情的预见性、精准性和高效性。互联网大数据驱动社会治理创新，不仅大大节约了社会治理的时间、资源和人力成本，而且建构了治理的新思路和新模式，使社会治理走向开放式治理、动态治理、精准治理、网络治理、协同治理。只有把握大数据时代特点，革新治理方式，才能适应社会需求和环境变化，不断提高舆情应对能力，实现创新发展。政府部门要运用最新技术和大数据进行预判，把可能的突发事件、热点问题消灭在萌芽状态。党政部门创造性地把大数据等现代科技手段运用到舆情收集研判中，"线上线下"双管齐下才能实现社会治理微循环。

## 二、舆情预警的关键是研判要准

网络时代，要占领先机，不仅要看信息的多少，还要看处理信息能力的强弱。纵观近年来发生的很多群体性事件，主要是在网络舆论和传统媒体的互动炒作中成为舆论热点。关于舆论事件和热点问题的发生、演变和激化，网络都在幕后发挥了推波助澜的作用。通过网络强大的催化效应和放大作用，一些本来很小的问题被无限放大，一些个体的事件演变成公众的焦点，一些本来可以平抑的社会情绪被迅速激化，最终发展为舆论事件和热点问题。

1. 要研判突发事件网络舆情特点

对突发事件后出现的紊乱的社会信息,要组织舆情会商,把握舆情演变趋势,增强研判的科学性、精准度,把握网上网下舆情的整体情况。分析话题关注者特别是活跃参与者的参与平台、地理分布、身份特征、粉丝数乃至职业、兴趣分布、表达习惯等特征,绘制舆情参与群体画像,为舆情研判提供指导。多数公共热点事件的舆情生成已经不再是单一的中心发散式传播,也不是一般性的串联型传播演变,而是新媒体与传统媒体、新媒体与新媒体之间平台转换、互相刺激、交织在一起的融合化传播。新兴的问答平台(如知乎、分答)、短视频平台(秒拍、快手)、直播平台(斗鱼、虎牙)等新媒介也直接作用于移动舆论场,并与微博微信无缝结合,促使一些社会事件在极短时间内快速传播。自媒体中,职业群体立场或利益代言现象呈现多发趋势,网上较为活跃的警察、医生、媒体人、律师、学者、公益人士等职业群体经常"抱团"。在传统的血缘、地缘、学缘、业缘之外,因为"趣缘"关系,年轻网民往往产生较大的集体行为,持续性参与强。与此同时,网络谣言层出不穷,舆论态势反转日常化,"让新闻先飞一会""坐等真相"等日渐成为网民的共识。所以,政府部门第一时间发布权威真实信息,搭建辟谣平台、实施专业科普、及时辟谣与公开监控视频,成为应对谣言最有效的方式方法。

2. 要研判突发事件高发领域的舆情

腐败、暴力、色情一直是网络关注的焦点,但民众更关心与切身利益相关的舆情。相较于宏大的改革、反腐等话题,更关注与自己切身相关的话题,民生、公共安全、环保、教育、交通等类别的舆情更易引发关注。新媒体专业人士及其自媒体中意见领袖群体十分关注涉公权力舆情,对吏治反腐话题保持惯有的热度,干部作风、司法案件、公共政策、城管执法、警民关系、征地拆迁等集中炒作的话题也较多。可以说，公务员、官员等"标签化"群体易受普通网民关注。据有关机构研究表明，近五年来，网络热点事件涉政府机构和政府官员比例非常高，公检法系统比例最高，县（市、区）政府和公务人员比例非常高，公务人员行为不当或贪腐最容易引起社会不满。境外网络则十分关注民族宗教话题。民族宗教话题一直受到海外舆论关注，部分海外主流媒体貌似行文客观，实则持有西方社会固有的批判态度，一些敌对媒体、"藏独"媒体更是不遗余力抹黑造谣。由于人性的同情心理和锄强扶弱心理，涉及"弱势群体"的舆情具有发酵快、传播广的特点，各地相关部门也需对此类事件予以重点关注。

3. 要研判突发事件舆情的可能走向

舆情处置前需要研判趋势。舆情事件的信息会经过网络传播迅速扩散，如果有关部门在第一时间回应处置不当，会产生二次舆情。这要求各部门提高对舆情复杂性的认识，寻找舆情内因和走向，从客观上进行实质性的回应以便有效解决。按照事件性质、社会关注程度、影响范围等因素，区分事件已报道的范围、信息公开程度，统筹研判舆论引导的层级。组织处置部门、媒体记者和舆情分析人员等从社会事件本身、社会心理、传统媒体报道、重点网站推送、意见群体支持、广大网民参与等多种因素和环节综合评估舆情形成的可能性。从舆情事件或现象的传播扩散、传播焦点转移、各方观点倾向变化、各方介入情况及舆情环境等方面着手，研判舆情可能的走向。在梳理网民观点、跟进关注情况的同时，还需要研判媒体介入报道的可能性和报道方式等内容，预判有关报道内容在线上线下可能引起的反响。例如，魏则西事件、雷洋案中，知乎、微视频等游离在舆论主场的时政信息外围或边缘，设置了公众议程，影响舆论流向。此外，行业特点、政策背景、历史因素、关联话题、媒介传播特点等在影响舆情事件发展方向和方式上起着重要作用。

### 三、舆情预警的核心是处置要快

"些小吾曹州县吏,一枝一叶总关情。"从已发生的舆论事件看,重大舆情的生产往往不是因为媒体曝光,而多数是因为对群众利益考虑不充分、群众矛盾化解不及时、群众情绪得不到宣泄,主动在网上或者向媒体爆料。网络舆情出现后相关部门不重视、不应对,进而形成网络热点。线下决定线上、实情决定舆情。线上及时发现,线下要快速处置。处置突发事件及舆情关键要抢占先机,第一时间发现,还要第一时间处置。事件处置和舆情监测部门要及时向上级主管部门报告,请求指导和支持,督促当事部门及时把情况弄清楚,表明立场,稳定舆情,防止贻误战机,让小事情演变成大舆情,更防止其演变成次生灾害。

1. 及时上门做好化解思想工作

最好的舆论应对就是争取不发生突发事件,把人民群众的小事当作自己的大事。做好舆论应对前置,把可能引发突发事件、热点问题的因素尽量消灭在"萌芽"状态。目前存在的问题是,一些地方党委政府在做出重大决策、推行重大项目前,丢掉了群众工作路线这一传家宝,不做群众思想工作,更没有人上门理顺群众情绪。群众有了情绪得不到及时疏通,埋下了群体性事件的"地雷"。基层宣传部门要经常向主要领导汇报群众思想政治工作的重要性,提醒其及时化解各种矛盾中群众心中存在的怨气。把及早发现、提早预警作为应对舆论的前提要务,注意在日常监督中及时发现苗头性信息,在重点节点提前梳理可能出现的问题,供当地党委政府主要负责人参阅,把事件提前化解。事发前,领导干部需换位思考民意诉求,适当介入舆论走向,主动体验百姓日常生活,设身处地考虑他们的诉求和主张,亲身感受普通大众的实时脉动。在常规工作中,领导干部要走入基层、走进百姓,发现群众生产、生活中的困难障碍。比如,电信诈骗、虚假商业推广等社会顽疾一直困扰着广大群众，从一定程度上来说，是可以提前排查避免重大悲剧发生的。今天不解决线下的问题，明天就可能酿成大事件，对党和国家的形象造成重大影响。相关部门应杜绝"出事集中处理、平时不闻不问"的处事态度，时刻保持警惕，避免百姓不良情绪累积。

2. 熟练运用新媒体平台做好动态反应

政策舆情应对是一道综合考试题，考验着社会各界的解构能量。特别是线下舆情应对触及各群体利益，信息往往不对等，情况复杂多变，因而带来负面效应。宣传与网信部门要加强与党政有关部门的沟通协调，督促其做好权威信息发布，承担应尽的责任，把舆情消除在萌芽状态。例如"年薪12万属于高收入须多缴税"等属于由新政策出台或不实猜测而引起的舆情。又如2016年5月初，"四川资阳万达广场建在昔日多氯联苯毒地上"的信息引起民众恐慌，当地迅速回应、公开信息，迅速启动环境监测并主动回避，避免受到"选手当裁判"的质疑，整个采样过程均邀请市民和媒体参与监督，坦诚的态度在较短时间内平息了公众情绪。

3. 鼓励现场直接处理快速化解冲突

很多舆情事件发生时，基层部门在层层请示过程中错失解决问题的最佳时机。面对网络舆情突发事件，应鼓励一线处置单位在科学评估后直接有效化解冲突。网民往往先入为主，对政府"亡羊补牢"式言论不完全信任。事件发生初期，尽量在当地释放信息，使矛盾在当地化解，舆情在一定范围内释放，不让小问题拖成大问题，局部舆情成为全国热点。在一线部门遭遇信任危机时，上级部门要尽可能第一时间到现场处置，快速发布相关信息,不给谣言传播的机会①。

4. 把握时度效凝聚社会共识

当今社会,信息来源多元,但大多数人还是相信主流媒体的真实性和权威性。主流媒体提供什么样的信息,会对整个舆情产生重要影响。这种情况下,报与不报、说与不说,很大程度上考验着舆论引导的能力和水平。一方面,舆论引导重在早、贵在快,特别是面对重大事件和突发事件,要快速反应、及时发声,做到抢先一步、先声夺人。另一方面,舆论引导难点在把握度,"火候"不到或者太过,都可能产生反效果。拿捏好"度",解决好"说多少、说多久、怎么说"是舆论引导中的关键问题。对于一些事态不清晰的舆情事件,事实并没有完全呈现,争议较多,就需要适当地缓一缓、看一看,不能盲目做判断、匆忙下结论。烧水差1度就不开,加热物质过1度就可能融化。同样的事情,拿捏分寸不同,可能会产生截然不同的结果。这就要求我们掌握火候,拿捏分寸,讲究适时适度。什么问题适合在全国报道,什么问题只在地方报道;什么问题只报道一下,什么问题要跟踪报道;什么问题要强化,什么问题要淡化;这些关于"度"的问题,需要认真琢磨、仔细拿捏,特别注意不要把点上的问题说成面上的问题,不要把个别问题说成整体问题,不要把局部问题说成全局问题。2016年3月底,有媒体称,深圳市开始实施最为严厉的"禁摩限电"政策,一度引发社会质疑。对此,官方微信"深圳交警权威发布"、官方微博@深圳交警等发布公告,邀请全国媒体和各界代表参加新闻发布会,提供采访便利。4月4日,"深圳交警权威发布"刊文回应舆论关注问题,并决定适当延长过渡期。4月5日,深圳交警如期召开座谈会,邀请了快递、物

---

① 广东省高级人民法院编著:《司法公正与网络舆情——广东法院网络舆情白皮书》,北京:法律出版社,2013年。

流等行业协会、快递企业代表,以及人大代表、政协委员等参加,共同研讨"禁摩限电"相关工作,听取各方意见。会议针对社会舆论焦点和质疑点一一回应和解疑释惑,为"禁摩限电"提供了法律支持。此后,舆情快速回落,政策得以继续推进,政府也树立了认真听取民意,解答人民群众关心问题的形象。

5. 适时调控网上舆论

由于公众媒介素养参差不齐,网上过激、混乱、错误的舆论表达时而出现,有的败坏社会道德,有的侵犯公民隐私,有的破坏社会稳定,还有的攻击党和政府,企图危害国家安全、颠覆国家政权。还有一些团体机构和个人,利用网络技术和资本操控舆论,谋取不正当利益。而社会公众又缺乏甄别和批判能力,这样就可能造成很大的社会压力,甚至破坏社会秩序,必须及时有效地控制与校正[①]。要落实意识形态工作责任制,加强阵地管理和建设,注意区分政治原则问题、思想认识问题、学术观点问题,旗帜鲜明地反对和抵制各种错误观点。要根据网络管理法律法规,依法对有害信息进行封堵和删除。对一意孤行、危害社会较大的依法追究法律责任。

## 第三节 开诚布公是突发事件舆论引导的最好办法

俗话说:"诚信是金。"随着受众对信息透明度要求的提高,以诚实坦率的态度,实事求是地进行解释、说明、引导,是赢得媒体好感和公众信任的前提,也是舆论引导的重要原则。心理学研究表明,当事方开诚布公、坦诚待人,远胜于遮遮掩掩、自我

---

① 徐正主编:《传播的博弈:数字媒体环境下的舆论引导研究》,杭州:浙江大学出版社,2010年。

辩解。及时准确的信息公开不仅有助于化解危机、应对事件，而且还可以提升传播主体的公信力，增强公众对政府的信任度。信息传播中"首因效应"十分明显，受众对于首发信息的重视程度很高，因此抓住先机、首先发声是舆论引导中的重要步骤。若首发信息不实，之后不管用多大的力量，也很难和"先入"去平衡。突发公共事件发生后，第一时间发布权威声音，掌握主导权，是舆论引导工作的关键一步。

## 一、积极推动事件处置部门及时发布权威信息

1. 立即启动信息发布机制，第一时间把责任落实到人

宣传部门要加强与各部门之间的相互配合与有机衔接，让宣传部门参与到处置突发事件的全过程，协助涉事部门尽快查清问题根源，推动涉事部门运用"屈尊策略"提出解决问题的措施办法，勇于坦露问题、以瑕示人，及时公布真相，以赢得公众的理解和支持。负责事件处置的地方和部门是信息发布的第一责任人，承担信息发布首要责任，相关部门负责人或新闻发言人应该组织新闻发布会或通气会，必须及时、准确、客观、全面发布事件信息，涉事机关、企业等单位有义务配合做好信息发布工作。党委宣传部门、政府新闻办负责协调新闻发布工作，组织新闻媒体采访，做好新闻记者服务和管理。事发地党委政府在向上级报告后，应迅速向社会发布信息，原则上不超过1小时就要对外发布信息。造成重大人员伤亡的或社会影响较大的，最迟应当在24小时内召开新闻发布会，并视情况连续召开。突发事件信息发布应由参与处置的实际部门根据各自职责及时准确发布，推进有困难时，宣传组应上报指挥部确定或授权相应人员及时发布信息。特别是涉事地方（部门）公信力遭到质疑时，应由上一级主管部门负责人发布信息，表明公开、公正、权威态度，才能重新赢得舆论支持。泸州太伏中学事件发生后，在泸县相关部门发布

信息遭受质疑时，泸州市委市政府迅速召开新闻发布会，舆情立即由嘈杂转为理性。

2. 坚持快速准确、持久高频发布权威信息，第一时间占领舆论引导制高点

"问渠那得清如许，为有源头活水来。"重大事件发生后，持续丰富权威的信息是舆论引导强大的后盾。按照早讲事实、重讲态度、慎讲原因的原则，第一时间发布信息并不断发布信息，用权威、积极、正面的声音主动引导舆论，用开放、透明、充分的信息满足受众需求，才能最大限度压缩谣言的传播空间。根据网上传言和质疑，组织有针对性的信息在网上发布，及时回答媒体和公众疑问。通过不断地发布新闻信息，动态递进报道，步步深入进行解析，展示事件本质，用舆论引导贯穿到事故信息公开的全过程，切断谣言产生的源头。在开放的质疑、释疑过程中，信息发布将成为政府与媒体、公众有效沟通的主要平台，公众舆论将会得到有效引导，政府高效负责的形象得以良好树立。在2017年四川茂县山体高位垮塌和九寨沟地震舆论引导中，当地迅速协调现场指挥长，在帐篷中就地召开新闻发布会，及时、准确、客观、全面发布事件信息，最大限度满足媒体和公众的信息需求，第一时间占领舆论引导制高点。

3. 迅速快捷召开新闻发布会，第一时间满足媒体和公众的信息需求

新闻发布会是主动引导舆论的最有效形式。要充分利用新闻发布会制度，第一时间发布权威信息，在信息源上抢速度。对于社会关注度高的突发事件，开放式、高密度的政府新闻发布，才能牢牢吸引住各级各地媒体记者。突发事件发生后，宣传部门应协调指挥部及其相关部门就媒体和社会关心的问题，及时召开新闻发布会。每次新闻发布会前都应有精心的组织策划，新闻发布单位以及发布的内容都紧紧围绕媒体和公众最关心、最迫切想了

解的问题安排。新闻发布会上，对于媒体提问应尽量完全放开，尽量让每一个想提问、有疑问的记者都有机会发言，能够"打破砂锅问到底"。对每一个记者的提问，要根据调查情况，用事实说话，不遮不掩。随着媒体关注点的不同，逐次进行解疑释惑。

汶川特大地震后，仅 5 月 12 日当天，四川省委宣传部就组织协调省地震局举行了 7 次新闻通气会，及时公布灾害情况，在第一时间发出了党和政府的声音。从 13 号开始，坚持每天由省政府新闻办举办一场新闻发布会，及时通报受灾的最新进展，成为国内外了解四川抗震救灾情况的权威信息渠道。及时主动公开的信息发布，既在一定程度上稳定安抚了群众情绪，又较好地展示了政府高效迅速的应急能力，赢得了舆论引导的主动权。

## 二、灵活运用多种方式对外发布信息

当灾难及突发事件发生后，政府首先要控制信息流，建立统一发布渠道，统筹所有信息快速从一个口径发出，将信息顺畅、真实、完整地呈现在公众面前，帮助其对突发事件做出准确判断。在处理灾难及突发事件的过程中，处置部门及时关注网络舆情，根据事件本身受关注程度，采用新闻发布会、专访、官方微博或微信等多种方式对外发布信息，正确引导网络舆论同样十分重要。

1. 新闻发布会

新闻发布会是成本低、效率高的新闻宣传有效形式，是主导舆论走向、消除网络谣言、主动与公众沟通、设置报道议题的一个非常有效的手段。新闻发布会具有形式隆重、权威性高、公开面广、互动性强的特点。新闻发布会由于人物、事件都比较集中，时效性又很强，且参加发布会免去了预约采访对象、采访时间的一些困扰，是媒体获得新闻最重要的一个途径，几乎 100%的媒体都将其列为最常参加的媒体活动。但是，新闻发布会准备程序相对复杂，发布要求较高。主办部门要提前考虑和安排好"谁说—什么时间说—在哪里说—给谁说—说什么—怎样说"这六个环节。重大突发事件发生后，政府及相关部应该立即召开新闻发布会表明党委政府的立场和态度。宣传部门和处置部门需要通力协作、积极配合，分清任务和职责，确保新闻发布会达到有效引导舆论的良好效果。

2. 媒体"吹风会"

"吹风会"也是新闻发布工作中常常运用的一种形式，主要是将近期引起或将会引起公众关注的热点问题和注意事项向媒体通报。"吹风会"属于非正式发布，内容可要求不做报道，或在报道中不做直接引用。"吹风会"所提供的信息能影响和引导记者有关这类题材的报道，试探社会舆论反响。制定关系群众切身利益的政策前，可以召集媒体"吹风会"，提前将有关信息释放。"吹风会"邀请的记者应该限定在一定范围内，要考虑到会记者能否履行承诺，不透漏信息来源。一般来说，参加吹风会的记者都是平时主办方十分熟悉、沟通较多的记者。

3. 集体采访

集体采访同新闻发布会相比，气氛轻松、答问详尽，由于范围比新闻发布会小，记者有多次提问机会，也可能会在某一问题上被追问和纠缠。集体采访要有新闻，要善于把宣传做成新闻，寓宣传于新闻之中，而不要把新闻做成宣传。集体采访的方案制定、人员安排、采访主题，要事先与被采访对象和媒体记者磋商，征求媒体的意见和建议。社会安全事故或灾难事故发生后，因安全因素不便到现场采访时，可组织集体采访。

4. 处置部门负责同志或专家专访

专访一般来说是记者更愿意采取的独家采访的形式，这样可以获得其他媒体没有的独家新闻。专访的报道能比较充分、全面。可以事先要求媒体提供采访问题，要求其准确、客观地报道。专访前要提前与采访记者和被采访对象充分沟通,采访提纲、记者规模、录音录像等事项必须事先商定。独家专访适用于较为敏感的安全事件对外信息的发布,便于媒体比较全面地了解事件全貌,防止一些媒体以偏概全。与此同时,独家专访也存在片面、错误报道的风险,因此,最好邀请两家媒体参与专访。发稿前,处置部门应审稿。

5. 通过互联网发布信息

新媒体以其所具有的以多对多、互动性强、人人都可能成为参与者等特点,已成为信息传播的重要手段。互联网发布是十分有效的一种方式,可以通过新闻网站、微博、微信、手机报等方式发布信息,或在网上接受访谈,也可利用电话、传真和电子邮件答复记者问询,第一时间发布信息,第一时间收集民意,第一时间了解舆情。对于较小的突发事件的处置动态,事发地可通过网络即时对外发布信息。

## 三、主动设置议题发布信息引导舆论

不同的人对同一则事实判断信息可能会做出不同的价值判断,由此形成了由一系列价值判断组成的信息流。因此,对于价值判断信息的管理引导成为舆论引导的重要一环。最有效的方式是在大众自发价值判断还没有形成前,主动设置相关议题,发布相关的丰富、权威的信息。特别防止记者在信息失控的情况下,进行猜测性报道。

1. 通过"主动出击",达到一锤定音的宣传效果

在信息传播的过程中,不实信息的传播扩散可能带来严重的后果,特别是谣言的散布甚至可能带来灾难性的后果。中国有句老话,叫作"谣言止于公开"。"公开"不仅仅是指信息公开,更体现了一种积极的处理态度。只有及时快速地公开信息,才能让流言不攻自破。汶川特大地震时,针对5月14日"都江堰市化

工厂爆炸污染水源"、5月17日"唐家山堰塞湖溃堤"等谣言，四川省委宣传部组织媒体第一时间有针对性地进行了澄清，有效缓解了市民的恐慌情绪。

2. 通过"顺情而为"，达到疏导情绪的宣传效果

一般来说，当生活中出现消极负面的事件、现象，但新闻宣传中却没有提及或者语焉不详时，受众就容易出现疑惑、不满、焦虑甚至恐慌心理。在这种情况下，流言极易滋生，社会稳定和秩序也会受到影响。突发事件发生后，有关部门要换位思考，考虑受众所思所想，有针对性地发布信息，疏导情绪、缓解恐慌。比如当年有关"非典"的报道。初期，由于消息闭锁，虚假消息、谣言谎言满天飞，一些疫情严重的地区一度出现社会恐慌现象。之后，中央紧急采取有力措施，及时公布疫情发展情况，澄清种种社会传言，耐心回答人们关心的热点话题，群众的情绪得到了有效引导和纾解。

3. 通过"转移议题"，达到分散焦点的宣传效果

美国对这种技巧的利用已经达到炉火纯青的程度。棱镜门事件中，美国媒体对政府侵犯公民个人隐私的问题装聋作哑，却在主要版面、栏目炒作其他"抓眼球"的新闻，刊登"斯诺登与中国""俄罗斯前美女间谍向斯诺登求婚"等假消息，播发视频《美国是不是在同中国进行一场网络战》，把"盗取公民个人及其他国家信息"和"美国政府"这一矛盾主体和焦点偷换成了"间谍"和"中国"。同时，美国媒体大肆炒作叙利亚化武危机、同性恋婚姻等问题，借此转移公众视线。突发事件发生后，在事件处置还需要一定调查时间的信息真空期，可适度组织本地正面报道，对信息真空进行填充。

4. 通过"国际概念"，提升党委政府国际形象

通过"上乘"的手段引导突发事件的舆论走向，也是提高党委政府国际形象的一个契机。在充分考虑国外民众的思维习惯、

文化传统的基础上，可以巧妙地打造融通中外的新概念、新范畴、新表述，借助国内外都容易接受的方式传播出去。比如北京奥运会的口号"同一个世界，同一个梦想"，英文即"One World One Dream"，言简意赅，既是中国的，也是世界的，一经提出即传遍世界，获得普遍认同。

## 第四节　善待媒体是突发事件舆论引导的中心环节

媒体是社会的预警器，是治国理政的重要资源和手段，对科学做出决策、维护群众利益有重要意义。但一些地方发生突发事件后，面对媒体记者，当地政府不接招，不敢面对，宣传部部长也躲媒体、避媒体、堵媒体；甚至有少数地方出了事情还违规拿钱消灾，试图买通记者不报道；还有的地方，为了"堵住""捂住""盖住"事件，殴打、拘押采访记者。当事发地不能很好地为媒体服务，企图掩盖事实真相，导致缺乏正确的报道和引导时，网络上就会进行推测、臆想，而这些推测臆想就会被广泛转述、引用或传播，形成谣言广泛散布。更可怕的是，新闻媒体得不到来自官方的准确信息，也可能跟着网络信息进行炒作，形成恶性报道事件。因此，政府部门需要加强与媒体的沟通，提高与媒体打交道的能力和水平，善于借助媒体的力量引导舆论。突发事件发生后，相关部门负责同志不能缺位、失语，要亲力亲为，亲自接待媒体记者，主动选择性地"喂料"，最大限度地告诉媒体记者真实情况。自己不清楚的，要主动联系处置部门，尽可能满足记者的采访需求，争取媒体记者的理解，共同处理新闻稿，达到良好的舆论引导效果。

## 一、依法依规有序管理现场采访

突发事件发生后,各方媒体记者纷纷向事发地聚集。党委政府主管部门要第一时间赶到现场,集结收拢现场采访记者,积极主动做好管理服务工作,确保记者采访的工作有序进行,从源头上把握舆论引导导向。

1. 摸清现场情况

突发灾害事件引发的次生灾害往往都发生在现场,因此应积极协调有关部门采取划定警戒区域、设置警戒线等方式隔离现场,防止无关人员破坏现场,妨碍处置。有媒体记者在警戒区域外采访、拍摄时,应密切关注动态,主动出示证件,了解记者信息,告知其采访区域位置。相关部门要迅速了解现场到达的媒体及记者情况,包括境外媒体有哪些,中央媒体有哪些,省级媒体有哪些,行业媒体有哪些,新媒体有哪些;哪些记者已经开始采访,采访了哪些人,采访了哪些内容;哪些记者已经刊发了稿件,稿件有哪些内容,及时改进媒体现场管理服务,提醒或纠正记者采访活动中出现的违规现象。有关主管部门和媒体外事管理部门要根据法律法规,增强服务保障意识,积极为媒体提供采访便利。综合考虑事发地、医院、处置部门、当事人住地等不同现场的记者采访管理,明确要求做好各处置部门现场记者的管理服务,严防多头发布互相矛盾的信息。

2. 熟悉相关法律法规

突发事件发生后,一些部门面对突然而至的媒体记者束手无策、不知所措。究其原因,就是不熟悉媒体记者采访报道方面的法律法规。突发事件处置相关部门要熟悉《中华人民共和国突发事件应对法》《中华人民共和国信息公开条例》《突发公共事件新闻报道应急办法》《关于建立健全信息发布和政策解读机制的意见》《外国驻华新闻机构和外国记者采访条例》《联合国国际新闻道德规约二则》《中国新闻工作者职业道德准则》等法律法规，依法开展新闻舆论引导，科学、依法、有效进行管理服务，有礼有节地制止违法采访活动。政府新闻办公室、政府外事办公室、政府台湾事务办公室负责境外记者现场采访管理工作。针对境外常驻记者、持记者签证入境的临时来华记者申请现场采访，可依照有关规定为其办理采访证件，使其在允许范围内有序采访；对于进入非开放地区采访的，要严格按照有关规定执行；对于违反中国法律法规和进行与记者身份不相符的活动的，要依法妥善处置。对不具备合法记者身份、未携带有效身份证件或证件不全的境外媒体记者，须明确告之其行为属于违规采访，要求其立即停止采访活动。

3. 及时发放采访证件

突发事件发生后，公众、新闻记者和当地居民都可能试图进入现场，给事件处置造成影响，还会给他们本人和其他人带来危险。宣传部门要派出专门工作人员驻守现场，协助警戒人员维护记者采访秩序。区分境外、中央、省内外媒体，设定采访区域和禁区，紧急制作不同颜色的采访证和车辆通行证，竭力让所有采访记者均在服务范围内，避免因安全、交通、警戒等问题出现各种意外事件。若条件允许，采访证应贴上照片，加盖印章。发放采访证件时，要登记记者的证件号码、联系方式和单位名称。无记者证和单位采访介绍函的，一般不予发放采访证。凭采访证才能进入现场采访，一些重大活动或抢险现场还需要凭特别标志才能入场采访。

4. 规范采访活动

突发事件发生后，现场往往比较混乱。为避免节外生枝，根据事件的性质、发展趋势、社会影响程度、现场安全等因素，可以对记者采访提出要求，确保采访安全有序，既有利于保护记者人身安全，又可以防止采访活动影响现场处置。对于有重大影响的群体性事件，可以根据国际舆论关注和境外媒体普遍关切，适时组织境外记者赴现场集体采访。根据媒体性质和资源合理分配采访资源，充分考虑摄影摄像需求，重点保障主流媒体采访，第一时间通知主要通讯社，保证主流电视台的机位，优先安排平面媒体专访，合理调控中央、地方和境外媒体的采访需求。当因场地和处置现场的限制，大量记者进入不了现场采访时，可组织处置部门负责同志和专业人员接受专访。比如进入重灾区的交通条件不好，灾区都以救灾和救援为核心工作，承载能力十分有限，能进入重灾区现场的记者更加有限，而对于那些在外面无法进入的记者，就要为其提供报道线索和材料，协调组织其他相关联线路采访，让记者有事可做，有料可采，有丰富的报道内容。

## 二、分阶段有力引导记者采访报道

主动延伸服务，加强现场采访协调是确保舆论引导有力的有效手段。突发事件发生后，政府以核心信息资源吸引记者，是管理记者的最佳手段。特别是境外媒体，如不能及时获取官方权威信息，他们可能会通过自己的"渠道"多方搜集报道素材，进行不实报道，误导公众。事实证明，只有不断地发布信息和提供信息，才能有效引导采访报道，在国际国内舆论场发出利我的声音。

1. 迅速发布通稿

突发事件发生初期，由于现场条件限制，不可能满足所有媒体的采访要求，要迅速组织业内媒体记者撰写通稿，提供给其他媒体共享，统一报道口径，引导主流媒体发出第一声，形成强大的首声效应，抢占舆论制高点。新闻通稿的组织，要安排处置部门和属地新闻媒体对口记者专人负责。可由处置部门具体负责起草，交属地新闻媒体记者修改成新闻稿后，再送指挥部审定。也可由处置部门起草，经与宣传部门商量，送指挥部审定把关后对外发出。通稿发出后,交各媒体参考使用,支持鼓励都市类、新兴媒体充分发挥自己的特长,在通稿范围内,采取更加灵活的方式,运用受众喜闻乐见的形式,最大限度地影响和引导社会舆论。

2. 统一滚动发布信息

突发事件处置过程中,相关部门需要根据事件进展,及时收集并认真研判媒体的报道内容,组建信息服务组采制深度报道和图片、视频、音频素材。新闻中心、新闻发布人或官方微信微博账号,通过官方微信、微博和采访记者联络群等形式,主动"喂料",打造官方权威媒体信息服务平台,保证采访报道的真实、准确。通过这个权威快捷平台,建立与记者沟通的渠道,让记者知道在什么地方、什么时间、找什么人可以得到最新、最重要的信息,使记者的动向始终处于视线之内。

3. 准确掌握时间节点果断劝说记者撤离

突发事件处置到一定阶段后,现场新闻就会逐渐变少。政府部门不能对媒体干预太多,但可以与记者沟通,争取理解和支持,有礼有节地进行引导和劝退。若不有序撤离现场采访记者,以采写新闻挣"工分"的记者们就会到处挖掘新闻,极有可能产生过度联想,甚至还可能借题发挥掀起新的舆情。因此,是否跟进报道,以什么样的密度跟进报道,宣传部门要在研判舆情后向指挥部提出建议和意见。根据处置工作进展和现场实际情况,在保证满足社会公众信息需求的情况下,及时协调各媒体有序陆续撤离现场采访记者,确保舆情态势整体平稳。

## 三、竭力做到后勤保障有求必应

在网络时代,新闻时效的概念发生了很大变化,已由以"天"为单位发展到了以"分"甚至"秒"为单位,新闻媒体对突发公共事件报道的竞争更趋激烈。"兵马未动,粮草先行",技术保障、人力资源和后勤服务是支撑宣传部门快速反应不可或缺的条件。谁能抢在第一时间，在第一事发现场，发出第一条新闻，谁就能在激烈的新闻竞争中赢得先机。在人人都是自媒体的时代，新媒体包括一些网民对突发事件的反应都很快，这就要求我们新闻媒体必须提高新闻时效，提高对突发公共事件的应对和报道能力。

1. 建立应急采访保障队伍

"工欲善其事，必先利其器。"宣传部门应加强突发公共事件的应急保障建设，建立一支作风过硬、设备精良、业务一流的快速反应队伍，配置用于突发公共事件应急新闻报道的新闻应急指挥车辆和应急设备。突发事件发生后，新闻应急队伍要能够适应复杂条件下的新闻采编播发需要，配备性能精良、移动性好、便于携带的技术设备，确保应急条件下采集、传输、播发渠道畅通。特别是要确保在断水、断电、道路不通、通信中断的情况下应急报道的各方面保障。四川日报报业集团、四川广播电视台每年5月12日都要组织一次应急新闻报道演练，做到随时既可第一时间采访报道，也可迅速对外提供公共信息服务。

2. 快速建立记者服务中心

突发事件后，群众工作、生活等都会受到影响，事发地应建立"记者之家"，在交通、食宿、医疗、传输等方面给予必要的帮助。需要安排专门人员，公布服务电话，提供公共服务，方便记者打印、复印、传真、传输相关资料；住宿应灵活多样，尽可能提供采写新闻稿件的设施，确保网络、电话、电视等畅通；餐饮需干净、卫生、安全，尽量采用自助餐形式；车辆要由专人调度，区分电视记者和文字记者，尽量满足不同记者的需求，努力为媒体记者采访创造便利的工作条件。无论是伊拉克战争还是阿富汗战争，美国军队总是为记者提供最好的后勤保障，乘坐美军战车、吃喝美军粮食，主要目的是让记者们根据美军设置的议题进行报道。

3. 确定专人联系服务

在法律允许的条件下，尽量按照国际惯例进行媒体服务，满足记者的正当采访需求。新闻宣传组安排专人主动与记者联系，提供全天候服务。每天动态了解媒体在现场采访、新到采访、离开的记者人数并进行归类统计，以便做好食宿安排。如到访媒体记者较多，请每一家媒体指定一名联络员，随时保持联系沟通。如有境外记者前往采访，要充分考虑境内外记者文化背景、意识形态、宗教信仰、饮食习惯的不同，研究不同国家、不同地区、不同民族的文化传统、生活习俗，根据不同特点和需求安排信息和生活保障。

4. 加强安保协调对接

媒体记者和安保人员之间，存在着天然的冲突性。记者往往喜欢热闹精彩场面，安保人员喜欢安静有序场面。在实际工作中，记者与安保人员经常发生冲突。宣传部门要提前和相关安保部门仔细对接，防止现场警戒或安保人员与记者发生争执，甚至发生直接冲突。宣传部门事前要和安保部门充分沟通协调，明确协调事项，确定现场秩序分工，设立现场采访警戒线，确保采访和处置两不误。在采访活动不妨碍现场处置的情况下，一般不得故意遮挡记者拍摄镜头、采访话筒，不得随意扣押记者物品。按照"依法、低调、从速、妥善"的原则处置采访中的突发事件，尽量避免扣留记者、没收采访设备、与记者发生肢体冲突等情况，防止矛盾激化和授人以柄。对境外媒体记者的违法违规采访，尽可能通过照相、录音、录像等做好有关证据的收集、固定和保全，为善后处置和开展交涉提供充分证据。这些措施既可兼顾大部分媒体的采访信息需求，确保记者获取信息的准确性、全面性，又能照顾个别媒体的个性化采访需要，让媒体记者感受到党委政府的坦诚、高效和负责，有效化解突发公共事件中经常出现的现场管理和媒体采访需求之间的矛盾。汶川特大地震后,政府公开透明地受理全世界媒体记者的采访,让世界各国媒体对中国有了一个全新的认识,救灾报道赢得了广泛的赞誉。

# 第二章　突发事件舆论引导分类处置办法

　　近两年，我国各类自然灾害、突发事件、热点问题频频发生，各方面高度关注。据统计，2016年全国各类舆论热点有600多个，其中引起社会普遍关注和百万以上网民参与的事件和问题80余起，几乎平均每个星期都有一个突发事件或热点问题。公共突发事件涉及社会各阶层利益，影响面广、社会关注度高。加强突发事件的新闻舆论引导，是做好应急处置工作、维护社会稳定的重要任务，是保障人民群众知情权的需要。舆论引导把握不当，就可能导致小问题变成大问题，简单问题变成复杂问题，一般问题变成政治问题，甚至成为重大事件的导火索。做好突发事件舆论引导最有效的方法是旗帜鲜明与润物无声的有机统一，这也是进行突发事件舆论引导应当追求的境界。但做好每一类突发事件的舆论引导都是一门大学问，需要学习书本知识，更需要积累实践经验；需要科学方法，更需要高超艺术。突发事件分为自然突发事件和社会突发事件，前者多为地震、台风、洪水、泥石流等天灾，后者多为处置不当引发的公共安全事件。每一类突发事件的新闻舆论引导在体现时度效总体要求的前提下，各有自己的特点和处置技巧。本章从自然灾害、事故灾难、公共安全等方面逐一进行归纳梳理，分门别类地分析每一类突发事件舆论引导工作流程、工作重点以及处置技巧。

## 第一节　自然灾害的舆论引导

自然灾害主要包括水旱灾害、气象灾害、地震灾害、地质灾害、海洋灾害、生物灾害和森林草原火灾等，如近年来发生的唐山大地震、汶川特大地震、芦山强烈地震、玉树地震、鲁甸地震等，给我国人民生命财产安全和经济社会发展造成了重大损失。这类事件破坏性严重，而且难以避免。联合国减灾科技委员会的报告指出：中国"是世界上自然灾害最严重的少数国家之一；从有人类记录以来，旱涝灾害、山地灾害、海洋灾害每年都在中国发生"。做好自然灾害的应对和救援，舆论引导是重要的组成部分。要做好自然灾害的舆论引导，关键是要及时发布预警信息，准确报道灾情和救灾情况，公开透明发布政府处置进展，主动开展舆论引导和信息服务，为抢险救灾提供舆论支持。

### 一、工作流程

（一）第一时间对外发布权威消息

1. 及时发布预警信息

对于可以预见的重大自然灾害，相关部门可以组织权威媒体第一时间发布预警信息，最大面积地提醒公众注意做好防范和避险。各级各部门相应做好抢险物资、人力等准备工作。如在台风、暴雨、暴雪等自然灾害发生前，相关部门一般要通过各种媒体进行预报，最大限度地减少灾害对人民生命财产造成的损失。

2. 迅速发布灾情和救灾进展

在突发事件处置中，不实信息的传播扩散可能带来严重后果，谣言的散布甚至可能带来灾难性的后果。灾害发生后，政府部门应通过统一官方微博、微信等快捷通道，及时发布权威信息，组织媒体动态报道抢险救灾部署。汶川特大地震发生几分钟后，新华社就发布了地震消息，32分钟后央视就发布新闻，52分钟后推出直播特别节目。

3. 积极发布服务信息

突发事件发生后，各种信息和公共服务可能暂时处于紊乱期，应组织气象、环境、卫生、交通、民航等部门，及时发布灾害预报、卫生防护、交通运输、航班调整、交通管制等信息，服务灾区群众生产、生活，加强防灾减灾科普知识宣传，提高群众的风险防范和应对能力。

（二）立即运转应急新闻中心

1. 启动应急新闻中心

根据灾情和舆情，按照预案迅即启动应急响应，第一时间向上级宣传部门报告，请求支持或派员指导。打乱宣传部门的内部机构设置和人员分工，临时组建综合协调、新闻发布、信息监测、媒体服务等职能小组，围绕应急事件的新闻宣传建立各司其职、各负其责的工作小组，集中力量合署办公，形成新闻宣传的统一指挥体系，建立与政府各部门高效协调的运作机制。对外公布应急新闻中心电话和采访服务微信群，收拢集结采访记者，收集采访线索，办理发放采访证件，联系采访对象。公布官方微信、微博信息发布平台和新闻发布会场地，统一信息收集，统一发布渠道，统一管理媒体。以指挥部名义下发通知，要求所有救灾部门的信息发布必须从应急新闻中心（统一的微信、微博平台和新闻发布会）发出，凡涉及救灾的重要稿件和信息均由应急新闻中心负责人签字后由应急新闻中心签发或编发，确保信息权威准确。

2. 迅速派出前方工作组

派出相关工作人员赶赴现场，指导当地宣传部门划定媒体采访区，协助管理服务现场采访记者。不间断与后方新闻中心保持联系,即时了解网络舆情动态和后方指挥部相关工作要求。迅速与现场最高指挥员对接,掌握事件第一手信息,协调把舆论引导工作与处置工作一同考虑、一同部署,提出应急采访报道建议,为第一时间对外发布信息做好准备。

3. 研判召开新闻发布会

根据灾情和舆情等级,迅速报请指挥部指定或授权相关负责同志召开新闻发布会,协调应急办、财政、民政、卫生、交通、水利等多个政府相关主管部门及时、准确、全面地公布灾害和救灾情况。根据救灾工作的最新进展,适时组织系列新闻发布会,就国内外高度关注、灾区群众关心的重点热点问题发布新闻信息。新闻发言人要以事实说话,不遮不掩,对媒体提问完全放开,让媒体记者感受到党委政府的坦诚、高效和负责,使政府新闻发布牢牢吸引住各级各地媒体记者,有效避免无序采访和信息传递的失真,使政府的声音得到媒体和公众的广泛认可,为事件的妥善处置营造良好的舆论氛围。

4. 安排专人值守指挥部

根据舆情等级,应急新闻中心可派机关人员和辖区主要媒体到前后方应急指挥中心值班,及时了解灾情最新统计信息和救灾最新进展,组织媒体进行舆论引导。官方微博、微信的现场编辑直通指挥中枢,应急指挥中心审核后的所有稿件和需要发布的消息直接由现场编辑链接上网;应急指挥中心直接和应急处置部门取得点对点联系,所有预警和处置信息第一时间对接传输到新闻网络上;协调电信、移动、联通每天同步发送官方微信、微博采写的权威信息,竭力做到事发地主要媒体和网站刊发的信息成为国内外媒体和网站的最主要信息源。

(三)安排部署应急新闻舆论引导

1. 24小时监测分析舆情

组织专门力量,坚持24小时值班制度,通过各种渠道,密切关注境内外媒体报道动态,及时归类整理,进行舆情研判,编发境内外媒体报道分析和舆情简报。对别有用心的人员故意炒作的情况,要及时通报有关部门加强处理,控制舆论发酵。针对热点问题,协调相关部门进行深入研判,专题开展网上宣传引导的可行性研究,对应对意见及实施措施进行风险评估,迅速周密地制定详尽的应对方案和工作措施。对广大群众都十分关注的话题,组织策划专家和职能部门负责同志访谈,直面社会热点,疏导社会情绪。

2. 召开媒体负责人通气会

重大自然灾害发生后,应召开新闻媒体负责人会议,部署应急新闻舆论引导工作,研究正面宣传议题设置,宣布应急新闻报道纪律。新闻单位全体领导干部必须坚守阵地,班子成员 24 小时带班;协调专业记者前往灾害处置的相关部门采访负责同志,通过电视、网络等即时性媒体发布相关权威信息,稳定人心;立即组织记者,兵分多路赶赴灾区,采访抢险救灾的最新进展;电视台和新闻网站的编播人员应随时直播全新消息,让全社会最大限度了解灾情和救灾的进展情况;组织刊播应急新闻中心的电话,服务到灾区采访的记者,收集社会各界的涉及抢险救援、医疗救治、物资捐赠、志愿服务等信息。

3. 下发新闻舆论引导提示

为凝聚救援力量、提振救援信心,应以应急新闻中心名义下发应急新闻舆论引导提示,设置"决策部署、组织救援、设施抢修、避灾常识、典型事迹"等宣传报道议题。规范宣传报道内容,遵守"不得刻意渲染悲情气氛、不得炒作救灾工作中存在的个别问题、不得发布未经证实的猜测性消息"等自然灾害报道国内外惯例。统筹各类媒体大融合,让内宣成为外宣的有力支撑,对境内外媒报道产生积极的导向影响,全力为抢险救灾提供舆论支持。

## 二、工作重点

### （一）快速建立高效运转指挥体系

灾难来临，各部门工作运转和信息传播有短暂的混乱，人民群众会更加慌乱。因此，要切实把信息公开和舆论引导作为事发地党委政府的一种责任、一项义务、一个惯例、一条原则，对突发公共事件舆论引导进行总体部署，建立宣传部门牵头、涉事部门负责、相关部门协同配合的统一联动机制，以应急新闻中心统一信息出口，保证舆论引导工作有利有序。应急新闻舆论引导指挥体系的核心是应急新闻中心高效运转和特殊时刻应急报道纪律严格执行。

1. 建立健全高度统一、强势有力的指挥体系，是做好应急新闻宣传的核心关键

面对重大突发事件，建立健全强势有力的应急新闻宣传指挥体系尤其重要，党委分管领导要直接担任应急新闻宣传的总指挥，在应急指挥部的统筹下，全权指挥前方新闻宣传组和后方应急新闻中心，综合领导指示、抢险救灾指挥部工作部署、灾情、抗震救灾进展、舆论形势等各种信息，对下一步新闻宣传工作做出统一部署和具体安排，形成号令统一、有序开展的有利工作局面。

2. 建立健全上下联动、灵活高效的运行机制，是做好应急新闻宣传的有力保障

自然灾害发生后，中央、省、市、县各级宣传部门都有可能立即启动应急新闻宣传，如果没有建立"一盘棋"的运行机制，就容易出现各自为政、自行其是的混乱局面。因此，要建立一个四级协调联系机制，综合应急新闻中心、前方指挥部等收集到的情况，对应急新闻宣传工作进行集中研判会商。各级宣传部门、各级媒体应严格按照应急新闻中心要求，上线贯通、左右联通，

迅速行动、相互呼应，打好应急新闻宣传的组合拳和整体战。

3. 建立健全步调一致、多方配合的联动机制，是做好应急新闻宣传的有效方法

在重大突发事件应急新闻宣传中，涉及的部门单位众多，只有建立健全相互配合的各方联动机制，才能确保应急宣传工作整体推进，取得良好的效果。要加强同上级宣传部的沟通协调，争取支持和指导；加强同党委政府各部门的沟通协调，强化信息沟通、集中会商、消息发布等机制，每天将收集来的最新的灾情和救灾情况提供给各级宣传部门和各级媒体；加强对后方各媒体和前方采访记者的指导，统筹对各方面的工作进展、先进典型进行深入采访和集中报道，提升宣传报道效果。

4. 制定完善号令统一、有序组织的应急新闻信息发布和新闻采访规定，是做好应急新闻舆论引导的重要手段

应急新闻中心要以指挥部的名义规定系列应急新闻报道和新闻采访纪律，一切宣传行动听指挥，强调坚持一个发布渠道的要求，辖区媒体必须统一步调、统一主题、统一报道，严禁各媒体各自为政、各行其是。各参与处置的相关部门对外发布信息要统一由应急新闻中心发布平台对外发布，防止各部门信息互相矛盾，引发舆情。只有坚持应急新闻中心的统一指挥和信息归口发布，应急新闻宣传工作才能做到信息公开透明、记者采访有序、主题生动鲜明、宣传报道有力，在应对各类矛盾和问题中才始终处于主导地位，牢牢掌握应急宣传的话语权。

（二）主动设置正面宣传议题

灾害发生后，要密切关注灾情、民情、舆情的变化，坚持把舆论引导工作做在前面，搞好先导式宣传，加强议题设置，统一组织策划不同阶段的采访报道主题，有意识地引导公众的注意力、社会的兴奋点。

1. 注重联动融合，增强舆论引导合力

电视、广播、网络新媒体要互动，前方记者与后方编辑及读者要互动，主报与子报要互动，统一发挥安抚人心、讴歌精神、鼓舞士气、指明方向的作用，形成立体化作战格局。电视、广播发挥其现场感强、直观、生动的优势，网络新媒体发挥其高效、便捷的特长，将话筒、镜头等对准救灾第一线，与新闻事实同步，从而抢占信息发布的制高点，确保报道的时效性；报纸发挥其思想性特长，紧紧围绕救灾和重建议题，刊发重要评论、深度报道，将救灾的重大事件宏观再现，就思想动态的倾向性解疑释惑、理性引导。

2. 注重议题设置，唱响救灾主旋律

新闻媒体在突发事件处置中有疏导群众情绪的功能。应当把有利于社会稳定和人心安定，有利于事件妥善处置作为新闻舆论引导的根本出发点，协调媒体积极报道各级党委的部署和行动，现场反映不怕吃苦、不怕困难、不怕牺牲的鲜活事迹，广泛报道各地群众无私援助的互助精神。围绕社会关注重点和灾区群众的利益诉求，要有计划地组织媒体报道物资分发、捐赠资金使用、生活补助标准、恢复重建政策、重建资金使用等情况，宣传公开、公正、透明的工作举措。实事求是地宣传基层干部无私奉献、一心为民的工作典型及先进事迹，消除社会和灾区群众的疑虑，使舆论朝着有利于救灾的方向发展。

3. 注重问题导向，提高舆论引导针对性

针对网上的传言或谣言，要注重运用大数据进行分析，充分利用网站、微博、微信等新媒体形式丰富、互动性强、渠道广泛、覆盖率高、精准到达等特点，以组织记者现场采访当事人、协调专家解疑释惑、回放现场视频等方式，及时主动回应社会关切。

## （三）有序组织现场采访

在设置采访区域、有序组织的前提下，对自然灾害事件相关的采访，尽量做到全面开放。根据现场的容量、救灾情况、交通状况，加强现场采访记者的统一调配，统筹安排证件发放、集中采访、后勤保障。特别要控制现场记者数量，避免同一媒体不同频道不同部门派出记者到同一地方采访。

### 1. 证件制作发放是有序采访的基础

采访证要用不同颜色区分国内、国外、港澳地区、台湾地区媒体，以便灾区一线有关部门进行分类管理和引导。在时间和条件允许的情况下，运用一次成像设备，制作能标明持证人个人资料信息的采访证件，详细标注持证人姓名、照片、媒体、编号等，掌控记者在灾区的采访动态。若时间来不及，可在采访证上限定采访有效时间、区域，并标注新闻中心值班电话，将样证传执勤部门，避免引发一线执勤的同志在服务管理中与采访人员的冲突。

### 2. 组织集中采访是有序采访的重点

在交通、电力、通信、住宿都不便的情况下，可组织部分已在灾区的境内外记者，区分不同主题，规划采访安全、便利的线路，协调相关部门接受集中采访，主动把军民团结抢险救灾、基层政府有序组织、灾区群众奋起自救等感人场景向境内外媒体记者展示。

### 3. 全力后勤保障是有序采访的前提

统筹安排采访记者食宿、交通用车和医疗服务，是有序管理服务现场采访的有效方式。要竭尽所能提供电话、传真、上网以及电视信号传输等服务，为记者的采访提供方便。主动向记者提供事件有关信息，积极协助其完成采访报道任务，使记者有正式的渠道获得官方权威的信息，避免其根据猜测和传闻进行报道。利用现代通信技术手段，通过手机短信群发、电子邮件、微信、微博等方式向境内外记者提供新闻来源、采访线索、安全告知和采访提示。

4. 依法管理、果断处置是有序采访的保障

按照《中华人民共和国突发事件应对法》《外国记者和外国常驻新闻机构管理条例》等法律法规，结合实际制定指导性和操作性强的依法管理的措施，指导灾区一线工作人员依法依规处置违规违法采访活动。指导新闻办，会同公安、外事等部门，依法妥善处置媒体记者以旅游者身份进入灾区非法采访、借用他人证件或者采取其他更隐蔽的方式进行非法采访、非法进行电视信号传送、非法复制灾区车辆通行证等违规违法采访行为。

（四）适时分析研判舆情

群众对应急事件的关注点总是多样、多变的。应急新闻宣传必须了解群众关注的热点和焦点，清楚信息公开的难点和盲点，尽可能减少"节外生枝"和"舆论次生灾害"，避免陷入舆论的旋涡。自然灾害发生之后，应急新闻中心要一直密切关注、认真梳理国内外媒体、社会各界和基层群众最关心的主要话题，分析罗列线上突出问题，分阶段、分缓急、分步骤，提前设置议题进行舆论引导。

1. 舆情监测是消除负面舆情的前提

要按照属地管理原则，统一调配各级网信办力量，加强网上、网下信息监测收集，对每家辖区网站进行逐一排查，对境内外信息进行逐一分析，对每条负面舆情进行逐一应对，避免谣言和不实信息在网上传播。

2. 及时预警是消除负面舆情的核心

对一些社会高度关注、可能引起较大负面影响的热点信息，及时汇总、综合研判，通过专报的形式及时向党委政府提出"可能出现的负面舆情及应对建议"，为救灾指挥部门科学决策提供重要参考。

3. 妥善处置是消除负面舆情的关键

实时了解境内外媒体、网络论坛和社会公众的反应，分析潜在热点，并上报指挥部，召集相关部门集中办公，协调相关部门主动解决线下问题，确定新闻发布和舆论引导的内容、时机、节奏和方式，抢先进行有针对性的引导，将可能产生负面影响的热点平稳化解，将有正面作用的热点充分放大，就能充分把握对整个事件舆论进程的主动，化解危机，维护社会稳定和当地良好形象。

## 三、工作技巧

突发事件往往伴随伤亡等血腥场面，大众传媒触目惊心的报道的冲击力、震撼力极强，公众往往会在第一时间关注政府的应对举措，接着关注党委、政府是否问责、怎么问责。舆论引导要在公开透明的基础上，及时辟谣，澄清谬误，避免陷入负面舆论的旋涡。

（一）及时澄清谣言和不实报道

根据舆情需要，可成立一个由中央和省级等有关媒体记者组成的舆情特别应对组，专门从事调查性报道。加强对网络和各级媒体负面舆论的监控和收集，凡出现的负面报道，及时安排记者调查核实，以新闻调查方式，靠证据说话，还原事实真相，驳斥不实报道。调查的过程，可以让人大代表、政协委员、社会有关人士和网络大V参加，提高调查报道的真实可信度。

（二）要及时开展负面舆论预警

宣传部门和处置部门要一同加强网络舆情监看工作，密切关注、认真梳理国内外媒体、社会各界和基层群众最关心的主要话题，了解他们关注的热点和焦点。加强对网络舆情的及时收集和研判，把握社情民意的脉动，找准社会舆论的兴奋点和疑惑点。

对媒体报道和网民反映的苗头性、倾向性以及存在的个别问题，要及时收集汇总，进行舆论预警，通过各级应急指挥部督促有关工作部门及时弥补工作不足，避免产生较大负面影响。

（三）加大改进工作缺陷的宣传报道

任何工作都不可能完美无缺，工作中存在不足是必然的。特别是在突发事件发生后，需要注意规范基层公务人员在工作中的言行。一些负面舆论只是通过报纸、电视、网络以及微信、微博等各类载体，客观反映工作中的缺陷。处置部门不宜急于去撇清关系，或直接否认事实。要有针对性地专题开展宣传引导的可行性研究，对应对意见及实施措施进行风险评估，有针对性地回应质疑，有针对性地进行引导。对舆论反映的实际问题，宣传部门要加强与相关处置部门的联系，协调有关媒体加大对工作改进后的宣传报道，全面反映党委政府和有关部门对工作改进的高度重视，对灾区群众的真切关心，积极化解社会负面舆论情绪。

（四）根据事件影响面、社会关注情况，决定是否取消或减少娱乐性节目

借鉴国际经验做法，指导事发地媒体在灾害发生的第二天或悼念日当天刊发黑白版报纸，减少广播电视网络娱乐性节目；提醒媒体记者不刊发血腥惨烈的画面、图片、视频，避免对民众和救援人员造成继发性心理创伤；设立保护性报道措施，减少对遇难者家属的采访，避免对其感情的重复刺激。汶川特大地震后第二天，四川省和各市州的报纸全部使用黑白版，并打出"向汶川地震遇难同胞致哀"的标语。当天，社会各界反响强烈，群众评价正面积极。

**四、案例借鉴**

(一)"5·12"汶川特大地震应急新闻报道和舆论引导案例

震动中国、震惊世界的"5·12"汶川特大地震,是新中国成立以来破坏性最强、波及范围最广、救灾难度最大的一次自然灾害。灾情发生后,国际国内都把目光投向四川,关心灾区人民,关注灾区变化。在10万平方千米的重灾区,有近5000名记者采访在抗震救灾前线,有1万多名新闻工作者昼夜投身于这场伟大的新闻宣传战役,成为抗震救灾的一支重要力量。

震后20分钟,新华网发出了第一条震情新闻"汶川发生7.6级地震"(半小时后,修订为7.8级,18日下午正式修订为8级)。四川电视台立即播发汶川特大地震的具体信息和省委书记向全社会发出的抗震救灾的动员令。14点55分55秒,在余震不断的情况下,成都交通广播电台推出抗震救灾特别报道《我们在一起》,这是成都上空对地震灾情的第一声播报。从那时起,各媒体中断原计划报道,打破常规,集中所有时段、所有版面,为抗震救灾宣传提供一切可能的频道资源、新闻版面和报道时段,及时发出地震相关信息和新闻。四川电视台、四川人民广播电台和成都电视台、电台进入直播状态,不间断地滚动播报地震消息、省委省政府领导的重要指示和成都市委市政府1号公告,及时将党和政府的工作和灾区的实际情况告诉全省和全国人民,四川电视台直播时长达7430小时,四川人民广播电台5个频率直播时长6093个小时;成都商报在晚8点左右出版了号外,分发到广大群众手中;四川新闻网、四川在线等网络及时更新最新动态,手机即时播发短信,所有媒体以前所未有的报道容量一起发动,汇成了密集传播、动人心魄的立体化信息流,稳定了人们的情绪,动员了社会力量。

震后 1 个多小时,当地宣传部门在四川电视台成立四川省抗震救灾应急新闻中心,要求灾区各市、州对应建立相应的指挥机构,统一组织指挥当地的新闻宣传工作。新闻中心统一信息收集,统一发布渠道,统一管理媒体,统筹指挥抗震救灾的舆论引导。

地震信息和以往的非灾害信息最大的不同在于它关系到的不仅是"生计",还关系到"生命",因而群众对信息的需求达到最高点。从 5 月 13 日起,应急新闻中心坚持每天组织一场新闻发布会。地震发生当天,应急新闻中心协调省地震局举行了 7 次新闻通气会,及时、准确、全面地公布灾害情况,较大程度地缓解了群众的恐慌情绪。在当时政府的数据统计机制尚未建立,工作资源掌握有限,大量基础性工作缺位的情况下,应急新闻中心不仅搭建发布平台,督促部门参与,还组织多名同志主动承担政府部门各种数据的统计和新闻发布稿的撰写工作,协调应急办、财政、民政、卫生、交通、水利等多个政府相关主管部门,获取准确资料,形成新闻发布稿。应急新闻中心针对网上出现的"地震三孤和伤残人员安置""救灾帐篷挪用""救灾物资发放情况"等热点问题,及时归类整理,进行舆情研判,对新闻发布进行可行性研究,对发布方式进行技术性研究,对实施措施进行风险评估,会同相关部门做好新闻发布和拟定热点问题的回答口径。根据抗震救灾工作的最新进展,坚持做到一个阶段一个主题、一场发布会一个重点,既保持总体上的完整性、连贯性,又体现不同时段的新变化、新进展。在整个抗震救灾期间,新闻发布会成为四川抗震救灾信息的最可靠来源,发布的信息被境内外媒体大量广泛采用。

从 5 月 13 日起,新闻中心结合人们关注点的不断变化,主动设置议题,组织专题报道,引导舆论热点。应急新闻中心统一组织编写了一批鼓舞斗志、稳定人心、感恩致谢的标语,如"党和政府与灾区人民同呼吸、共命运，全国人民与灾区人民心连心！""灾区人民感谢你！"等，协调省和成都市的媒体，在报头上打出通栏标语，在电视、网上滚动播出。针对人们对生命的关注，引导媒体加强"废墟中的生命大营救、救治中的生命接力赛、防疫中的生存保卫战"之与地震争夺生命三部曲的主题报道；对唐家山堰塞湖排险、决战都（都江堰）汶（汶川）生命线、物资分配、捐赠资金管理等进行全过程的追踪报道，向公众展示抗震救灾工作的"阳光操作"；在地震百日，策划了"百日攻坚　我们从废墟中站起"主题报道，以百日回顾、民生档案、百日展望等专题，持续关注救灾进展。针对网上关注的灾区学校房屋建设质量问题，组织媒体对国家汶川地震专家委员会副主任史培军，清华大学建筑设计研究院副总工程师马宝民、贺小岗等权威建筑专家进行专访，刊发了《地震为何对建筑物破坏力巨大》《大灾之后，四川的重建路径》等文章，多角度、多层次、多视角地反映特大地震的威力和房屋倒塌的复杂原因。清华大学媒介调查实验室研究显示，98.8%的受访者认为报道集中展现了政府、部队、社会各界及民间力量齐心协力、共同赈灾，体现了军民鱼水情，促进了军民团结；98.4%的受访者认为媒体报道有效提高了中华民族自信心；98.72%的受访者认为媒体报道提高了社会凝聚力；97.85%的受访者认为媒体报道体现了强大的应急救援能力。受众之所以得出这样的结论，是与新闻媒体的议题设置分不开的[①]。

地震发生当天，应急新闻中心就建立了全省网络管理机构和网络媒体的24小时值班制度，组织对省内网站进行逐一排查，对境内外信息进行逐一分析，对每条负面舆情进行逐一应对。指

---

① 徐正主编：《数字传媒环境下的舆论引导研究》，杭州：浙江大学出版社，2010年。

导网站加强论坛、博客等互动栏目的管理和后台信息监控,严密封堵没有依据的猜测和极端情绪发泄的相关帖文,为抗震救灾凝聚正能量。抗震救灾期间,共对全省5万多家网站的论坛、社区、博客、播客等各类栏目实行了全面排查,共编写《网络舆情》80余期、《抗震救灾境内外负面信息专报》30余期、《抗震救灾境内外信息专报》20余期,并针对一些社会高度关注、可能引起较大负面影响的热点信息,及时向省委提出"可能出现的负面舆情及应对建议",为抗震救灾科学决策提供了重要参考。对"都江堰化一化工厂发生危险化学品泄漏,污染成都饮用水源"的谣言成功辟谣。组织评论员和网站撰写了"无法控制地震,但要勇于面对地震""面对汶川地震,更需同舟共济""地震之后,太阳还会照常升起"等鼓舞人心、凝聚力量的原创引导性主帖,获得了网友的广泛支持。针对网上出现的"卫生厅官员殴打志愿者""成都帐篷门"等各种可能引起社会误解、激起群众怨愤、引发社会事件的网络信息,组织重点新闻网站和网评队伍,及时撰写了大量评论和帖文,澄清事实真相,以正社会视听,把公众情绪切实导入了客观理性的轨道。

面对大量从四面八方赶到灾区的境内外记者,地震发生当天应急新闻中心立即协调境外记者服务与管理小组同外办、公安、台办等部门联合集中办公,全面组织协调境外媒体管理和服务工作,以开放的姿态热情服务境外媒体,坚持把管理融入服务之中。会同省外办、省公安等部门同志研究部署,确定了发证持证、划区采访、依法管理的原则,决定连夜制作新闻采访证件,从证件颜色和所盖公章上,来区分国内媒体、港澳台地区媒体和国外媒体,以供灾区各方面了解掌握情况,灵活引导各类媒体的采访活动,确保采访工作有序进行。由于应急新闻中心为境外媒体进入灾区采访提供了极大便利,美联社、美国《芝加哥论坛报》、多维新闻网等众多境外媒体普遍认为:"中国的新闻开放度这次最大,外国记者获得了前所未有的报道自由,充分体现出中国共产党的开放和坦诚。"

总的来看,汶川特大地震舆论引导在有序开放记者采访、建立扁平化指挥机构、主动设置引导议题、及时持续召开新闻发布会等方面虽然都是"摸着石头过河",但最终赢得了国际国内的充分肯定。采访全域开放,媒体打破常规,反应迅速,更是受到社会各界的好评,也赢得了国际媒体同行的尊重。路透社、法新社、美联社、美国有线电视新闻网等在第一时间刊发报道,内容都积极正面,称赞中国政府迅速采取措施,官方媒体反映极快。

(二)"4·20"芦山强烈地震应急新闻报道和舆论引导案例

2013年4月20日8时2分,四川省芦山县发生里氏7.0级、烈度9度的强烈地震,给人民的生命财产安全带来巨大损失。震后1小时,省政府新闻办负责同志在成都组织设立并负责指挥抗震救灾后方应急新闻中心,统筹协调指挥新闻宣传和采访报道工作;中心下设新闻采访、舆情分析、舆情监控、外媒服务、新闻发布、网络服务、信息协调、信息简报、后勤保障9个工作小组,具体组织开展"4·20"芦山地震新闻报道工作。震后4小时,宣传部门负责同志赶到雅安芦山灾区设立了抗震救灾前线指挥部新闻宣传中心,亲自统筹协调组织中央、省、市、县四级宣传部门统一行动,搜集整理前方抗震救灾情况,同时负责组织管理进入灾区的媒体记者。

4月20日上午11点30分,四川省政府新闻办举行了第一场新闻发布会,对外发出了四川省关于芦山地震的权威信息。截至4月28日,以省政府新闻办名义举办了8场新闻发布会,区分国家、省、市、县不同层面,共举办新闻发布会、情况通报会40场,及时发布震情灾情和抗震救灾权威信息。共750余家媒体1000余名记者到会采访报道。及时准确、公开透明地发布灾情和救灾工作最新进展，赢得了信息传播的主动权。

地震发生后，各方媒体记者纷纷向成都和灾区聚集。应急新闻中心区分境外、中央、省外省内媒体，紧急制作不同颜色的采访证，发放采访证从20日下午开始至21日凌晨4时中止，省应急新闻中心共发放120家媒体653个证件（中央18家134个证，25个省80家172个证，省内22家347个证），灾区前指新闻中心对首批自行进入灾区的记者共发放近200个采访证。对19批境外媒体记者69人部分发放了采访证。根据抗震救灾进展，在抢险救援、群众安置、卫生防疫、抢修保通、次生灾害防治等阶段，及时收集并认真研判媒体的报道内容，通过手机短信、飞信、微博等形式，主动"喂料"，打造媒体信息服务平台，有力地保证了灾区记者采访的有效有序和宣传报道效果。

在地震当天下午，应急新闻中心就明确了"千方百计抢救生命、万众一心抗震救灾、弘扬伟大抗震救灾精神、克服万难救助灾区人民"这一宣传报道主题，要求各级各类媒体紧紧围绕"迅速决策、紧急救援、抢救生命、治疗伤员、安置群众、设施抢修、保障供给、典型事迹"等重点精心组织开展报道。在地震后第三天，通气会强调宣传报道工作要特别注意处理好中央部委与地方党政、军队与地方、领导与群众、灾区基层组织集中救治与灾区群众自救互救、灾区自力更生与各方力量支援等五大关系。在地震后第四天，通过认真分析形势，针对下一步报道提出了灾区巨大经济损失、捐赠活动、先进典型、过渡安置工作、卫生防疫知识和次生灾害预防知识、灾区群众自力更生这六个重点，使宣传报道始终保持了鼓舞干劲、凝聚力量、弘扬精神的舆论导向。

随着抗震救灾工作的全面展开和媒体记者在一线采访的不断深入，由于灾区的地理环境复杂，抢险救灾和物资发放中客观存在的一些实际困难逐步开始显现，在新闻宣传和网络舆情总体正面、评价积极的同时，个别媒体特别是网络上也出现了一些谣言、虚假信息和负面舆论，无端指责抗震救灾工作，恶意批评基层干部，刻意炒作个别情况，在一定程度上对抗震救灾工作和社会情绪形成了干扰和消极误导。对此，应急新闻中心会同雅安市相关部门及时开展负面舆论预警，积极改进工作缺陷报道，策划开展引导性宣传报道，成功消除了负面舆论影响和负面舆论隐患。应急新闻中心专门成立了由中央和省级有关媒体记者组成的舆情特别应对组，赶赴天全县新华乡洛改村和宝兴县灵关镇，对"被遗忘的角落""灾区村民大吃大喝"等不实报道进行调查取证，还原事实真相，驳斥不实报道。

芦山强烈地震舆论引导在信息发布、及时辟谣方面的机制更加完善，特别是充分利用中央媒体开展调查辟谣，较好地引导了舆论走势。

## 第二节 事故灾难的舆论引导

事故灾难主要包括工矿商贸等企业的各类安全事故、交通运输事故、公共设施和设备事故、环境污染和生态破坏事件等。（传染病疫情、群体性不明原因疾病、食品安全和职业危害、动物疫情等公共卫生事件可参照事故灾难舆论引导的做法。）灾难事故的诱发因素往往是人的因素，多是由于人为操作不当或其他技术性因素引起的。人的行为不仅可能造成灾难事故发生，同时在事故处置过程中也会直接影响事故危害程度和范围。因此事故灾难往往面临大量负面舆情。不当的舆论引导和应急处置措施也会更加引起公众不满，甚至造成群体性事件。特别是事故灾难性突发事件，往往会不同程度地损害社会成员的生命财产，各种切身利益就会受损，不同阵营会参与博弈，进而引发次生舆情。关乎公众最基本的生存权益，一直是舆论场的关注点、引爆点，一旦出现，容易迅速点燃网民情绪，舆情瞬间成为社会舆论热点。山东疫苗案暴露后，迅速引起全国民众关切。由于相关部门发布的信息与民众的知情欲望不对称，引发网民种种猜测，引爆了一场全国性网络舆情危机。因此，事故灾难发生后，信息公开和态度诚恳是稳定百姓情绪的最有效手段。处置部门要第一时间发布信息，用权威、积极、正面的声音主动引导舆论，用开放、透明、充分的信息满足受众需求。

## 一、工作流程

### （一）迅速赶到现场

突发事故灾难现场是处置工作第一现场，也是事件相关信息汇集地，容易引起广大受众的关注。突发事件发生后，记者们都在和新媒体抢跑。突发事件后，反应速度是检验政府舆情应对的重要标尺，也是体现治理能力的关键所在。宣传部门要闻风而动、雷厉风行，协调组织新闻应急工作组工作人员第一时间赶赴突发事件现场，设置媒体接待处、登记到场记者情况。根据警方设定的警戒线或警戒区域划定采访区，受理采访申请，在确保突发事件顺利处置、有利社会正常秩序恢复和记者安全的前提下，尽量为记者提供现场采访的便利。积极协调各媒体正当合理的采访要求，帮助沟通联系，提供必要保障。要与现场处置部门协商，在不影响救援处置的前提下，对进场记者人数规模、记者采访区域、直播区域进行确定。同时协助现场安保人员维护好采访秩序，竭力为所有现场采访记者服务，但坚决防止无证非正常采访。

### （二）视情况及时启动新闻中心

突发事故灾难一般都要在现场设立新闻中心或记者服务中心，由内宣、外宣、外事和有关职能部门共同组成，按照有序开放、有效管理的原则,统筹做好保障服务记者采访和信息发布工作。快速统一印制核发采访证件,划定采访区域和禁止区域,服务所有到现场采访的记者。负责处置的地方和部门要明确专人负责媒体服务工作,公布联系方式,及时接受、回复记者问询,提供采访便利。根据现场处置工作的人员容量和现场安全因素,统筹进入现场采访的记者数量。比如上海外滩的踩踏事件,情况紧急,现场又在紧张救援,是不可能允许太多记者进入的,必须要统一安排、有序采访。在事故处置现场,指挥人员或者指定人员在不影响救援的情况下,应接受新闻媒体集体采访,满足新闻媒体和公众的信息需求。

(三)及时归口发布信息

事故灾难发生后应积极协调,第一时间对外发布信息。如政府不能第一时间发布信息,将会导致网民极大不满,质疑政府刻意封锁消息。另一方面,官方消息迟到也会给不实消息可乘之机,加大舆情噪声。对"第一时间"发布信息的理解、认识和在执行流程上的管理,不同的地区和部门理解还不完全一致。有学者研究表明,处置重大突发公共事件,关键时间是在事发后 4 小时之内,最佳时间是在事发后半小时到一个半小时之间。政府在重大突发公共事件舆论引导上,应做到率先获取事实真相,率先公布事实真相,"先声夺人",占领舆论制高点。全面准确掌握事态进展和相关善后工作后,按照"早讲事实、重讲态度、慎讲结论"的原则,协调负责处置的地方和部门及时准确发布事故灾难基本事实,原则上不超过 1 小时,以便澄清谬误和谣言。造成重大人员伤亡或社会影响较大的,应当在 24 小时内召开新闻发布会,并视情况连续召开,动态发布抢险救援、人员伤亡、善后安抚等处置进展。要根据抢险救援进展情况和舆论引导需要,协调安排有关专家、抢险队员、医疗人员等接受采访,帮助记者不断获取最新信息。

### (四）滚动发布服务信息

对于污染事故、重大传染病等可能造成大范围影响的突发事件，处置部门要及时通过统一官方平台向社会发布预警信息，提示公众采取防范和避险措施，普及科学知识。在事故处置过程中，仍有安全隐患的，处置部门应滚动提示公众采取紧急疏散等措施。对事故可能造成群众交通出行、生产生活等方面影响的，要及时提醒预告。

### （五）加强舆情监测研判

在分众化、差异化传播趋势日益明显的当下，一套话语满足不了所有人、一个腔调难以唱遍天下，只有加强舆情监测，精准定位传播对象、准确把握受众心理、大胆创新内容形式，才能增强舆论引导的针对性、实效性。加强网络监测24小时值班，及时收集社情舆情，特别要注意流言、不实消息和扩大化解读观点，综合上报指挥部。协调有关处置部门，对相关舆情进行研判，为事件处置和舆论引导提供决策参考，服务大局。组织相关处置部门的专业人员，积极引导网上舆论，鼓舞士气。

## 二、重点工作

### （一）快速充分、首发定调的权威新闻发布，是做好事故灾难舆论引导的关键前提

统筹协调参与事故处置的实际工作部门，根据各自职责在官方平台及时准确发布事故信息。信息发布确保真实、准确、权威、统一，涉及伤亡人数、影响范围、处置措施等的关键信息不能前后矛盾。为真诚面对公众，可根据救援进展情况适时更新各方面数据。对暂时拿不准的情况，信息发布要留有余地。事故初期，要有专人提供稿件，组织新闻通稿，保证权威性和时效性，抢占舆论制高点，防止谣言传播。要根据事故进展，综合运用新

闻发布会，官方微博、微信，及时滚动发布事故抢险救援、人员伤亡、事故调查等情况，不能过度延迟发布或以间隔时间较长的综合信息发布代替实时滚动发布。

（二）积极稳妥组织事故调查情况报道是做好事故灾难舆论引导不可缺少的环节

事故发生后，公众和媒体除了关注人员伤亡情况，更关注事故原因。舆论将会穷追不舍地关注是人祸还是天灾，聚焦调查后的处理结果。因此，调查程序要公布时间安排，介绍现场勘察、调查取证、技术鉴定等各个环节，让公众充分了解调查的专业性、科学性、复杂性工作，防止信息真空。对社会广泛关注的事故原因等，可在正式公布调查结果前，根据已核实的情况及时发布信息，防止过度猜测。调查结果公布前，可组织专家、媒体和处置部门共同研判，防止引发次生舆情。调查结果公布后，积极引导媒体权威透明报道调查组科学严谨、实事求是的态度，反映党和政府对人民高度负责的鲜明态度；专业解释要符合法律常识和科学规律，从专业层面还原事件真相，说明直接和间接原因；责任追究要依法依规，讲清楚责任追究依据，介绍整改措施，防止引发新的质疑和炒作。网络舆情持续处于高点时，可指导处置部门根据新媒体特点，制作新媒体产品，还原现场，再现过程，解疑释惑，使人信服。2015年6月1日，重庆客轮东方之星在行驶至湖北省监利县时，由于暴雨大风导致客轮翻沉。全船人员除船长和一名水手以及部分乘客获救外，其余人员全部遇难。面对汹涌的舆情，处置部门迅速协调相关方面专家推出《东方之星客轮倾覆事件舆情分析》《当船沉下去的时候，浮上来的不止是真相》等文章，直接给这起事故的舆情走势定下了基调。这也是一日之后舆情唯一有起伏的波澜点能被迅速平复的主要原因。

(三)主动权威回应社会关切是做好事故灾难舆论引导的核心部分

事故灾难发生后,政府和处置部门应该切实担负起发布信息的主体责任,不能采取封锁消息的鸵鸟政策,避重就轻,回避转移话题,损害政府公信力,引发次生舆情。协调处置部门应根据舆情,加强分析研判,对公众普遍关心的事故救援是否及时、安全隐患是否消除、处置措施是否得当、整改和追责是否到位等重大问题有针对性地发布信息,要及时回复或组织专访,主动释放信息。事故处置和调查环节涉及较多专业信息,要邀请权威专家,采用权威表述,发布权威信息,一锤定音,稳定情绪,避免新闻媒体误读和公众误解。宣传部门应根据事故处置进展,主动有效设置议题,积极组织本地媒体开展动态报道、专访报道、深度报道、评论报道,公开表达政府的态度和立场,让媒体容量达到应有的饱和状态,主导社会舆论走势。

(四)周到细致的媒体服务是做好事故灾难舆论引导的重要保障

事故灾难处置现场、医院、遇难者家里、处置部门单位等地都可能是记者采访的第一现场,要统筹安排,周到服务。每个地方负责的相关处置部门都要有专门人员服务前往采访的记者,安排相关负责人或专业人员接受采访、提供信息。如因抢救伤员等不便安排记者到现场采访,要协调相关部门负责同志接受集体采访,或者统一提供文字、视频等采访素材。救援进入一定阶段后,可能存在信息真空阶段,相关部门要及时协调,提供医疗抢救、整顿措施等信息。调查善后阶段后,应组织现场采访的记者有序返程,并及时发布调查进展信息。

## 三、工作技巧

### （一）报道范围适度

在事故灾难性报道过程中，应在信息公开透明的基础上，按事件大小、影响范围，协调不同媒体报道。坚持有利于事故处置，有利于家属情绪稳定的原则，控制节奏力度，根据舆情动态适度开展引导。对应当报道而又情况复杂的事，可先对基本事实作客观简明报道，再作后续深入报道。慎重而少量报道补偿问题，并且要于法有据，体现人文关怀，防止互相攀比。要参照国际惯例和规则，尽量协调不采访被救人员和遇害人员家属，防止过度渲染惨烈场面，引起心灵二次伤害。正面报道需要以小见大，不宜急于生硬塑造英雄人物形象，防止群众产生逆反心理。引导媒体报道不煽情、不拔高、不片面求快，温情、平和、就事说事，体现人文关怀。

### （二）态度决定一切

事故灾难舆论引导中，处置部门面对公众的态度显得尤为重要。新闻发言人和事故处置工作人员要时刻体现党和政府把群众生命安全放在第一位，不惜一切代价抢救生命的积极态度，及时表达对遇难人员的哀悼之情和对家属的慰问。态度要与事故抢险救援相适应，穿着要普通、朴素，仪态、举止、表情要严肃庄重，态度要和蔼。新闻发布会或重大活动的会场布置和程序都要与事故救援的氛围相协调。特别是与悲伤气氛不协调、容易引发质疑炒作的正面题材不做报道，在信息源头上排除引发次生舆情灾害的隐患。哀悼、追思活动当天，协调各类媒体统筹考虑，慎重安排版面、节目，与救援、应急的氛围相协调。公布遇难或失踪人员肖像、职业、民族等个人信息要征得家属同意。

## （三）舆论引导攻防有序

根据舆情研判，结合事故处置进展，按照"网上来网上去、境外来境外去"的方式，采用受众易接受的语言习惯，平实、客观地疏导。网上舆论引导应善于分区域、分条块、有针对性地采用微信、微博方式回应，引导网民冷静思考、理性看待，不瞎猜、不妄议，讲科学、信专业，为救援队伍鼓劲。对于境外舆情，应协调新华社、中新社采用境外易于接受的思维和方式刊播对外通稿。对于网络上就政府部门工作的批评，要及时表明态度，但不要急于解释；当涉及政府部门工作责任时，不要急于转移、推卸，反而要表明态度，主动改进工作。

## （四）公开彻底处置事故

实情决定舆情，网上决定网下，事故处置是第一位的，舆情引导是第二位的，只有公开公正处置事故，才能最终平息负面舆情。在分析社会热点后，应更多关注其背后的问题，科学决策，科学施策，特别要从实践中发现根源，补政策漏洞，补管理短板，提前疏导，防范未然，才能从根本上解决问题。

## 四、案例借鉴

### （一）深圳滑坡应急新闻报道和舆论引导案例

2015年12月20日，深圳市光明新区红坳渣土受纳场发生特别重大滑坡事故，造成73人死亡、17人受伤、4人下落不明，33栋建筑物被损毁、掩埋。消息瞬间在网上裂变传播，将深圳推向舆论的风口浪尖。深圳有关部门创新理念、创新内容、创新方法，主动发声、敢于发声、善于发声，做到新闻发布与舆论引导及时高效、舆情应对与事故处置密切配合、决策指挥与执行落实相得益彰，基本未出现舆情次生灾害和媒体集中炒作，为顺利处置事故提供了最大限度的舆论支持。一些境外媒体不吝评价

"中国政府舆情应对能力日显娴熟"。

事发仅一个半小时,深圳微博发布厅就发出首条消息,随后每天24小时滚动播报最新情况。事发当天下午至25日晚的6天内,救援指挥部召开了10场新闻发布会,几乎每半天1场,主动及时、公开透明地持续发布失联遇难人数、救援救治情况、事故发生原因、受灾群众安置、失联人员家属安抚等社会关注的重要信息,有力主导了媒体报道议程,充分满足了公众知情权,最大限度地挤压了谣传空间,牢牢掌握了新闻舆论主动权、主导权。信息发布过程中,相关部门对失联人数毫不回避,多次按照最新统计予以变更,虽有增有减,但由于做出了理据充分的解释说明,并没有引起媒体和公众质疑炒作。

在组织报道时,对一些不合时宜,特别是与悲伤气氛不协调、容易引发质疑炒作的正面题材主动协调不做报道。对于救援力量、救援难度和充满温情温度的感人故事,则组织新华社、人民日报、中央电视台、人民网、新华网、南方网、腾讯网等著名媒体和网站各展所长地集中报道。既有力营造了"怀着'生命第一'的态度将救援进行到底"的浓厚氛围,又理性释放出"救灾很不易,深圳在尽力"的心理预期,为最终宣布救援结束、转入善后工作做了充分的舆论铺垫。充分运用"两微一端"等新媒体平台,积极创新内容表达方式和传播手段,实现传播效应最大化。组织南方网对新华社通讯《灾害降临,记录一座城市的表情》及多家媒体的有关报道进行二度创作,制作了以"这座城、这些人"为总题、适合手机端传播的H5系列动画纪实作品,在救援处置和舆情发展不同阶段适时推出。《黄金72小时救援记》H5动画,配以激昂斗志的背景音乐,展示了党和政府以及社会各界倾力救援的动人情景;《救援第一线 光明的温度》H5动画,配以舒缓、温情的背景音乐,再现了救援现场的温馨场面;《此刻,我们都是你的亲人》H5动画,描述了安抚失联者家属、安置受灾群众的举措和成效，彰显了深圳人同舟共济、守望相助的大爱精神。系列作品融音乐、图片、文字为一体，具有强烈的视觉冲击力和情绪感染力，经全网推送后，阅读量突破80万，参与互动的网友近6万，深圳市民微信朋友圈被多次刷屏，堪称"有温度、有品质，传得开、叫得响"的精品佳作。

当网上骤起质疑攻击、追责反思声浪，严重干扰救援处置工作时，相关部门迅速组织撰写了重头评论，先在人民网、新华网、澎湃、今日头条等省外网站和第三方微博、微信首发，再协调推荐全网转载，把网民关注焦点引向救援这一首要任务上来，取得了理想的舆论效果。在组织网上舆论引导时，针对质疑、追责、猜测、造谣、谩骂、诋毁等不良信息，巧妙采取"先抑后扬"的发声策略和技巧，首先指出事故不该发生，查明原因、追究责任是国务院调查组的工作职责，继而笔锋一转，肯定深圳的信息发布及时透明，强调要以人为本、尊重生命，冷静思考、理性看待，不瞎猜、不妄议，讲科学、信专业，当务之急就是全力救人，引导网民为救援队伍鼓劲、为失联者祈祷。网上舆论引导既维护了网民意见表达乃至情绪宣泄的权利，有助于全面真实地呈现事故舆情，又能使网评文章和跟帖评论更显客观、理性，更有感染力、说服力。

2015年12月25日晚，中央电视台《新闻联播》公布国务院成立事故调查组，将滑坡定性为"生产安全事故"后半小时内，当地党委政府负责人通过新闻发布会向社会鞠躬道歉，表示"坚决拥护上级对这次事故的定性""根据事故调查结论和处理意见，将依法依规依纪，该负什么责任就负什么责任，该接受什么处理就接受什么处理，该处理什么人就处理什么人"，彰显了深圳市委市政府对生命的尊重、对责任的担当。在滑坡事故舆情很可能因定性结论而升级转向的关键节点，这样的快速反应、诚恳表态和责任担当，收到了"一鞠躬解万般怨"的理想效果。针对舆论一度聚焦失联人员家属、煽情悲情报道很可能蔓延的情况，宣传部门建议省市领导分头看望慰问家属，并组织各类媒体适度报道，既疏导了家属情绪，又缓和了舆论压力。

深圳滑坡事故舆论引导中，宣传部门与处置部门密切配合、协同作战，在信息沟通、新闻发布、舆情应对等方面加强统筹协调，从全局上把握基调，从整体上考量效果，确保事故处置与舆论引导同步部署、协调推进、良性互动，积极协调主动对外表态、减少渲染性正面宣传、稳妥组织新闻发布系列舆论引导措施逐渐成熟，特别是新闻发布会的现场布置和组织十分专业，值得借鉴。

## （二）四川广元沉船事故应急新闻报道和舆论引导案例

2016年6月4日，四川广元市游船"川广元客1008"（双龙号）在广元市白龙湖景区发生翻沉。事故发生后，迅速引发舆论广泛关注，相关新闻报道达5500余篇；微博3200余条；微信公众号文章2000余篇，网民评论1.3万条；"四川游船翻沉"网民阅读量2100万次，网民评论1799条。广元有关部门紧急采取各种措施救援，有序组织记者采访，及时发布权威信息，获得了网民的肯定和认同。总体来看，此次突发事件以权威官方信息为主流，舆论场反思大于责问，整个舆情平稳有序。

事故发生后，广元市宣传部门火速了解情况动态，立即向上级宣传部门报告，请求支持和协调；迅速组织当地媒体客观报道事件的发生、造成的伤亡和救援进展，当地媒体第一时间报道中央和省委指示要求，重点报道千方百计抢救生命的措施。@央视新闻、@广元发布等微博账号作为权威信息源，自6月5日12时许发布首条权威信息后，连续滚动对事态发展、人员救治、救援进展、官方善后等消息进行报道，披露了大量第一手信息，迅速取得舆论话语权。

## 第二章 突发事件舆论引导分类处置办法

事故发生1小时后，在事发地利州区设立了新闻宣传和舆论引导临时新闻中心，启动舆论监控研判、事件信息核实、新闻媒体接待、新闻发布筹备等工作。市政府外宣办、利州区委宣传部和市级主流媒体记者于第一时间赶赴事发现场，积极主动开展现场媒体管理服务工作，确定专人在救援现场搜集反馈事件进展，为新闻宣传决策提供第一手信息资料，确保了首发新闻客观真实和现场新闻的采访秩序。临时新闻中心报请指挥部迅速确定新闻发布方式方法，明确了稿件审核制度、信息沟通渠道、新闻采编管理、舆情处置流程和宣传纪律等对外信息发布的关键环节。同时对参加救援人员提出了明确要求，杜绝了通过自媒体擅自发布现场情况。建立了事件新闻报道微信群，动态发布搜救信息和集中采访计划，每天以新闻通稿形式发布汇总情况。安排广元日报和电视台记者分3组分别驻扎打捞平台、盐井溪码头、现场指挥部，做好了事件处置影像资料的收集。外来媒体所需新闻图片、视频、文字资料由现场宣传组协调市本级媒体"一对N"补充，确保了参与媒体同步共享新闻资源。

当日晚9点召开首场新闻发布会，协调驻广媒体、市级媒体、广元新媒体联盟和新华社、央视客户端、中国网等媒体集中发声，对事件发生的时间、地点、伤亡、救援等基本情况做出权威回应，以主流声音澄清网络谣言和个别媒体不实报道。根据舆情热度和救援进度，研判召开新闻发布会8场次，发布事件处置新闻通稿15条。特别是6月7日邀请现场采访的记者参加当地政府电视电话会议，主动接受媒体和外界监督，及时通报了游船翻沉的直接原因是强对流灾害天气和狭管效应，有效解答了公众疑惑，抢占了信息制高点。组织现场记者集中采访报道四川省政府负责同志第一时间赶赴现场指导、看望获救伤员、成立调查组，及时反映党委政府将进一步核清事故情况，查明事故原因，依法依规严肃追责的鲜明态度。针对外来媒体普遍关注的热点敏感问题,有序安排采访搜救专家,统一安排船只接送其到水上打捞平台拍摄新闻图片,既保证了媒体需求、声音一致,又杜绝了个别媒体借机炒作。同时,及时向主流媒体反馈舆情、沟通引导需求,寻求支持帮助,赢得了媒体的信任和理解。各媒体对千方百计搜救落水人员、科学救治伤员、景区安全整顿措施等按照事件动态及处置进程进行及时准确、客观全面的报道,对各级快速反应、抢险救援给予了肯定性评价,体现了党委政府以人为本、科学救援的措施和成效,对理顺情绪、平衡心理、化解矛盾起到很好的促进作用。

网络谣言、猜测、质疑和炒作与突发事件相伴而生已成为一种普遍现象,引发的"次生灾害"会严重影响政府对突发事件的应急处置。翻沉事故后,针对舆论关于翻沉原因是天气原因还是人为疏忽所致的讨论,协调中央电视台3个直播组于5日、6日现场连线18次。协调央视正面策划《预防?预警?应急?三问》专题报道、新华社刊发《四问》稿件,邀请新华社深入采访,推出《四问广元翻船:人祸还是意外?》的报道,从船是如何翻的、事发时天气如何、安全措施是否到位、救援进展如何四个方面,对公众最关注的焦点问题进行答疑解惑。文章被主流媒体转载后,取得了良好的宣传效果,不仅解答了部分关于游船翻沉的疑问,也在很大程度上压缩了流言形成的空间。通过幸存者回忆,客观还原了事件现场,权威回应舆论热点。专业的回应成为本次事件的主流声音,有效引导了舆论。

广元沉船事故舆论引导中,全景式开放救援和处置工作,有序组织现场采访,以公开赢得了主动,取得了较好的舆论引导效果。信息及时发布,公开透明使事件链条完整,系列措施使救援主线清晰可循,赢得境内外舆论的充分肯定,营造了良好的救援氛围。

## 第三节　社会安全事件的舆论引导

社会安全事件主要包括恐怖袭击事件、经济安全事件和大规模群体性事件等。这类事件往往是由各种利益和矛盾长期积累、激化而引发的，解决起来难度较大，舆论引导的度更讲究艺术。公共安全突发事件发生后，社会及附近群众会不同程度地恐慌，相关处置部门要按照敢于亮剑、客观准确、规范有序、有利稳定的原则，充分利用本地媒体，主动服务域外媒体，迅速协调权威部门（处置部门）发布权威信息，引导公共舆论，疏导群众情绪。

### 一、工作流程

#### （一）第一时间组织采访

在社会安全突发事件中，当地宣传部门要迅速组织就近的日报、电视台文字、摄像记者和新华社记者投入采访，协调处置部门全程录像，保留视频、图片资料储备以正视听。会同公安等部门加强对现场采访活动的有效管控，引导记者有序采访。协调参与采访的记者听从现场指挥，不得提前报道，干扰事件处置，泄露国家秘密和侦查信息。根据事件大小，按照指挥部统一部署，有针对性地组织不同媒体做好对内对外报道。境外常驻记者、持记者签证入境的临时来华记者申请现场采访的，可依照有关规定为其办理采访证件，使其在允许范围内有序采访。对于有重大影响的群体性事件，根据国际舆论关注和境外媒体普遍关切，适时组织境外记者赴现场集体采访；对于进入非开放地区采访的，要严格按照有关规定执行；对于违反中国法律法规和进行与记者身份不相符的活动的，要依法妥善处置。密切配合现场执勤人员，理性、平和、文明、规范执法，依法依规管理媒体记者，防止影响处置工作开展，造成新的炒作热点。

（二）主动发布权威信息

社会安全事件发生后，事件处置部门要第一时间向宣传部门通报事件进展，及时发布事件处置工作进展，救治救援受害群众，恢复社会秩序的措施，满足事件影响范围内公众了解真相的需求，稳定公众情绪，避免猜测和恐慌。发挥当地新闻媒体的预警和服务功能，结合有关部门积极开展各项公共安全宣传教育活动，向公众宣传面对恐怖事件应如何沉着应对、自防自救，并及时消除谣言等有害信息的负面影响。及时向公众宣传面对社会安全事件时候应当注意的事项，普及有关科学知识和实用技能，增强人民群众应对危机的意识和能力。

（三）组织高端专访

高端访谈权威性强、可信度高、覆盖面广。影响较大的社会安全事件发生后，如舆情持续升温，负责处置事件的政府主管部门及事发地的党政机关应优先安排、接受中央和省级主要新闻单位（如人民日报、新华社、中央人民广播电台、中央电视台）的采访，及时通报事件处置、救援情况。如发生性质恶劣、国内外舆论广泛关注的社会安全事件，可组织到现场的境外记者某一家或几家专访，用现场还原的方式驳斥谣言，维护正义。

## 二、重点工作

（一）加强工作协调才能有机衔接、协同推进

各地应尽快建立健全社会安全事件舆论领导机制和工作机制。一旦发生对当地有影响的重大恐怖事件，公安部门应及时向当地宣传部门通报，由当地宣传部门和外宣办负责组织协调，与负责处置事件的省政府主管部门加强沟通，掌握信息，分析舆

情,提出新闻舆论引导意见,组织指导新闻报道工作,难以把握的重大问题及时向上级请示报告;恐怖事件的新闻发布工作,由负责处置事件的政府主管部门归口管理。影响有限的恐怖事件新闻报道工作,在事发地县(市、区)党委政府领导下,参照上述做法,由县级有关部门组织协调和归口管理。

(二)主动设置议题才能权威发声、主动定调

要防止社会安全事件发生后,被网络议题和境外舆论牵着鼻子走。如果说"天灾"的突发,需要新闻媒体尽快公开信息、提供服务、让广大观众知情,那么"人祸"的出现则需要在提出处理方案的同时,尽快找到事发的真正原因,定性定调,从而避免内外媒体的盲目臆断与猜测。社会安全事件一旦发生,反恐怖工作协调小组、负责处置事件的政府主管部门及事发地党委认为可以报道的,应迅速发布新闻并组织报道。针对境内外网上谣言,采访知名人士、受害人及其家属、现场群众、办案民警,用事实驳斥造谣,对犯罪予以揭露和谴责。

(三)及时研判舆情才能疏堵结合、理性引导

社会安全突发事件发生后,应协调各有关部门加强社会舆情收集,及时了解网上、网下舆情动向,加强分析研判,有针对性地提出舆论引导意见和建议。一般性议论、批评性信息不予以处置,可根据舆情态势正面引导。对造谣、虚假信息,应及时删除,并发布权威消息,澄清事实真相。对攻击党和政府,煽动不良情绪的,要及时依法处理。

## 三、工作技巧

(一)加强对现场采访数量的调控

社会安全事件一般现场比较混乱,必须设置警戒,控制场面,疏散现场人员。事件处置的第一位是救人和恢复秩序,必须

对现场采访实施必要的管理。受空间和处置的影响,现场采访的记者不宜太多。要加强对现场采访记者的统一调配,控制现场采访记者数量。必要的时候,组织精干力量专门提供公共音频、视频、图像和文字资料,防止因信息不畅造成谣言在网上传播。开放媒体自由采访时,必须掌握舆论控制界限,尤其重视记者的人身安全和自由。要积极协助安保人员对近距离摄影摄像记者进行管理,防止记者一哄而上影响现场处置,但不可简单粗暴地推搡、拉扯记者。对不能近距离拍摄的记者,要耐心做好解释工作,并尽力提供公共信息资料。在局势尚未完全恢复的情况下,有关部门可以借鉴美军"嵌入"式采访经验,为公众呈现事件第一现场报道,引导舆论发展。在伊拉克战争中美国国防部允许600多名记者"嵌入"一些作战部队,从整装出发、部署就位、实施作战到战争结束,与官兵同吃同住,报道他们的举动,从而实现了向外界大规模同步直播战争进程。

(二)分级分类稳妥组织报道

为避免引起大范围的不必要的社会恐慌,应根据事件的严重程度和影响大小,及时协调各媒体报道的频次、时段、版面和数量。影响不大、后果不严重的突发事件,可只在当地报道。处置部门要引导媒体不渲染炒作,杜绝播出血腥恐怖画面,避免画面对公众情绪特别是儿童心理造成不良影响;禁止播报人质身份、数量和地位等细节,更不应与受害人和军警连线及报道救援行动细节信息,避免让媒体报道成为犯罪分子的信息来源;更不得展示犯罪手段,以免产生效仿效应。

(三)采用多种形式还原真相

争取境内外媒体客观公正报道,是赢得处置舆论和支持的关键因素。特别是出现谣言后,有关部门和单位要采取多种方法、形式和渠道,努力还原事件真相。要积极组织境外媒体集中采访,与境外媒体展开合作,主动提供视频资料,推动境外媒体刊播客观真实的报道,以正视听。对境外恶意炒作的,应高度重视互联网这一跨越国界通行全球的传播工具,熟练运用互联网传播技巧,澄清谬误,以正视听。人民网舆情监测室对2008年西藏"3·14"事件舆情进行实证研究时发现,网络传媒在舆论引导中发挥了重要作用,揭露境外媒体歪曲报道首先从网上展开,网络成为民众主动探索真理的重要渠道,聚集了一大批热爱祖国统一的华人群体,用真相和事实击穿了境外媒体"妖魔化"中国的报道[1]。

## 四、案例借鉴

### (一)"7·5"事件舆论引导案例

2009年7月5日20时左右,一些不法分子在乌鲁木齐市人民广场、解放路、大巴扎、新华南路、外环路等多处猖狂地打砸抢烧,造成多名无辜群众和一名武警被杀害,部分群众和武警受伤,多部车辆被烧毁,多家商店被砸被烧,震撼了全国,全球民众十分关注。"7·5"事件高效的媒体应对策略,有效扼杀了爆发更大规模舆情的苗头,为事件处置营造了良好氛围。

新华网当晚21点30分左右抢发了一句话英文快讯,这是中国媒体向世界发布的第一条相关消息。此后,国内中央主要媒体遵循国际新闻传播规律,对"7·5"事件展开24小时不间断发稿,被美联社、路透社、法新社等外国通讯社转发,被《华盛顿邮报》《纽约时报》等主流媒体广泛引用。事件发生初期,境外媒体主要采用中国媒体消息,仅7月6日,就有54个国家和地区的108家电视机构采用中央电视台节目信号,661家境外媒体

---

[1] 徐正:《数字媒体环境下的舆论引导研究》,杭州:浙江大学出版社,2010年。

采用了新华社报道。迅速、准确地把握"第一时间"发声，便能因主动抢占舆论引导先机，从而事半功倍。

针对外媒关注点，当地第一时间开放国内外媒体采访，主动争取国际舆论支持。有关方面7月5日连夜组建新闻中心，7月6日中午举行首场新闻发布会。随后一周内共举行7场新闻发布会，第一时间开放国内外媒体采访，主动向境内外媒体提供权威信息。从7月7日起，先后邀请300多名中外记者参加集中采访，境外记者通过现场采访、集体采访、高端访谈等多种形式，耳闻目睹"7·5"打砸抢烧事件给乌鲁木齐人民生命财产造成的巨大损失和那些惨不忍睹的血腥场面，帮助党委政府澄清三股势力散布的各种谣言，收到了比较好的传播效果，传播和塑造了客观负责的大国形象。

要击穿谎言，最有效的办法是在事发现场讲述事实，突出媒体特点，用事实说话。针对外媒采访海外"疆独"分子，称暴力事件为"和平游行"的造谣，政府组织国内多家媒体记者走访伤者、死者家属、外国人、市民、儿童等，并不顾安危多次深入暴力事件发生地段踏访，采写了大量现场感强、有冲击力、感人至深的报道，用大量细节描述悲惨的一夜。协调媒体多角度还原在金银路暴徒棍打一位妇女的现场，揭露了事件的暴力本质，有力粉碎了谣言。组织报道能力强、熟悉西方新闻报道技巧的资深编辑策划有针对性的选题，指挥一线记者采集素材，整合成重头报道，推动其迅速转化为报道成果。电视台主持人还邀请了当地的维吾尔族、汉族和回族嘉宾以及土耳其记者，由这些事件的目击者来讲述事实和他们的观点，大大增强了对话节目的可信度，有力有效引导了舆论。

"7·5"暴力事件发生后，不时有三股势力的煽动、蛊惑舆论通过网络扩散传播。为确保国内舆论不受其干扰，有关部门锁定"疆独"分子煽动幕后活动的网站，揭露其煽动暴力活动、破坏新疆民族团结和经济发展的反动面目并及时予以曝光。对那些疯狂攻击政府、颠倒黑白的网站予以封堵，阻止煽动、蛊惑性言论在网络流传。与此同时，政府主动设置网民发言人，及时公布处理暴力事件最新进展情况，并与网民互动，在线解释网民对事件的疑问，揭露恐怖分子蓄意制造的谣言、谎言，帮助网民认清事件的真相和本质。网民通过新闻频道、网络论坛、博客和即时通信进行交流和讨论，每个社区的发言中都有许多高质量的帖子。各网站通过博客、新闻跟帖、论坛帖文等形式，不断推出内容丰富的帖子，有力地引导网络舆论向理性方向发展，对维护社会稳定局面发挥了积极作用。

"7·5"暴力事件舆论引导中，政府第一时间释放权威信息，用现场还原方式揭批境外谎言，运用网络媒体引导境外舆论，取得了显著成效。

（二）成都"6·5"公交车燃烧事件舆论引导案例

2009年6月5日上午8时许，成都市一辆9路公交车在成都北三环川陕立交桥附近发生燃烧，造成28人死亡，29人受伤。"6·5"公交车燃烧事件发生后不到1小时，中央电视台、人民网等中央媒体就聚焦成都，各省内外新闻媒体也通过电视直播、网络头条等传播方式对这起事件进行了报道，而在各大网络论坛上，各种猜测、谣言和议论此起彼伏。事件发生后，成都市迅速启动突发公共事件新闻应急预案，坚持导向正确、及时准确、公开透明、有序开放、有效管理的原则，第一时间发布权威信息，抢占舆论制高点，争取主动性，赢得话语权，有效引导了舆论，促进了事故的妥善处置。

事件发生2小时内，处置部门就地就近组织召开新闻发布会，从下午2点50分起，连续举行4次新闻发布会，并接连组织了3次媒体集中采访和1次媒体恳谈会，以医疗救治组的名义通报两名极危重伤员医治无效死亡的消息，邀请专家介绍伤者救治和抢救的有关情况，邀请媒体进入医院采访医护人员的工作状况，组织媒体集体采访9名伤愈出院的乘客。先后向各地媒体提供了4篇新闻通稿，同时组织实施了多起针对网民言论的网上信息发布，及时回答了媒体和公众疑问。新闻发布会上，媒体提问完全放开，尽量让每一个想提问、有疑问的记者都有机会发言。对每一个记者的提问，根据调查情况，用事实说话，不遮不掩。根据媒体关注点的不同，逐次进行解疑释惑：当媒体关注公交车为何燃烧时，公安机关以车上乘客的证言说明有人携带汽油上车、消防部门以车辆油耗情况证明不是车辆自燃；当媒体质疑司机是否救人时，公安机关以现场调查说明群众看见司机救人行为；当媒体质疑公交车设施安全时，公安机关出示现场勘查到的安全锤的照片；当媒体质疑公交车超载时，公交集团说明上班高峰期乘客人数较多是目前全国各大城市的普遍情况；当媒体关注死者赔偿问题时，民政部门表示将严格按照法律法规与当事人及其亲属协商进行善后处置。在开放的质疑、释疑过程中，新闻发布会成为政府与媒体、公众有效沟通的主要平台，公众舆论得到有效引导。

在开展"6·5"公交车燃烧事件的应急新闻报道时，为了满足媒体记者的采访需求和维护医院、公交公司的正常工作秩序，政府协调媒体资深记者组建特别报道组，负责采制深度报道和图片、视频、音频素材，由政府新闻办提供给媒体记者共享，满足了各级各地媒体的需要。同时，派出专门工作人员驻守在各伤员救治医院，按照"调控总量、持证采访、提供便利、依法管理"等有关规定，实行采访准入制度，既兼顾了大部分媒体的采访信息需求，确保了记者获取信息的准确性、全面性，又照顾了个别媒体的个性化采访需要，让媒体记者感受到了政府的坦诚、高效和负责，得到了境内外来成都采访"6·5"公交车燃烧事件的360余名记者的赞赏。在处置公交车燃烧事件过程中，政府及时

## 第二章　突发事件舆论引导分类处置办法

准确、公开透明发布信息，主动引导舆论的做法得到了外界的赞赏。6月19日，人民网舆情监测室秘书长、《网络舆情》执行主编祝华新在发表题为"党报网站与网络舆论的引导"的主题演讲时认为："成都'公交车燃烧'事件处理得是比较专业、比较内行的，最大限度地减轻了对政府形象的伤害。"中央电视台、中国经济时报、广州日报等媒体对此次突发事件的有效应对给予了高度肯定。2009年，四川成都"6·5"公交车燃烧事件、首例输入性甲型H1N1流感防控工作新闻发布会，被国务院新闻办公室列为我国突发事件媒体应对和有效处置的典型案例。

成都"6·5"公交车燃烧事件舆论引导中，政府连续多次举行新闻发布会，集中组织记者采访，主动提供公共视频、图片和文字资料，有效地引导了舆论，促进了事故的妥善处置。

## 第四节　司法案件的舆论引导

近年来，司法案件突发、多发，成为网络舆情热点之一，特别是2016年、2017年雷洋案、聂树斌案、于欢故意伤害案、徐玉玉被电信诈骗案等案件接连引发网络广泛关注。综观近年来司法案件舆情事件发现，司法案件的舆情被大面积引燃，往往是事件本身关乎人物命运，关乎其切身利益，每个普通个体感同身受。其中最典型的元素是司法干部法治意识淡薄、认定事实明显错误、作风不良、司法腐败、警察暴力执法等，或部分群众暴力抗法，甚至发生流血冲突。而以弱者形象出现的群众，不仅容易得到舆论的同情和支持，还会激起仇官、仇警情绪，官民、警民缺少对话、沟通、协调机制，双方对立情绪很难消弭，持续推高网络舆情危机。随着依法治国的深入，民众法治观念增强，更有一些法律专业人士长期关注个案，试图以此促进更加公平公正的司法环境。一方面，自古以来，人们在心理上同情弱势，爱打抱不平，法律规则意识淡薄。另一方面，司法案件往往影响不同个体的切身利益，甚至会影响政策走向。由于牵涉的利益较为复杂，司法案件舆论在传播过程中很容易出现以偏概全、以点概面甚至受人操控的局面。因此，司法案件引起的舆情不仅凶猛，而且对立冲突十分明显。这要求各级司法部门在认真研究、充分了解政法舆情生成规律的基础上，把舆论引导与案件侦查、起诉、审判、执行等工作环节结合起来，同步考虑、同步部署，努力实现让案件处置过程变为群众普法的生动课堂。

## 一、工作流程

### （一）迅速建立联动处置机制

加强与政法委、法院、检察院、公安等部门和事发地宣传部门协调联系，建立信息共享、协作处置工作机制。"按照谁处置谁负责，谁主管谁负责"的原则，协调处置部门把舆论引导工作与处置工作同研究、同部署、同推进，努力实现新闻舆论效果与法律效果和社会效果有机统一。在实际运作中，工作机构的设置要尽量扁平化，部门之间的会商要灵活，重要事项的研判要透明，现场的协调要简单，新闻稿的把关要规范。

### （二）加强舆情监测研判

做好案件相关舆情收集、分析、研判报送，是做好案件舆论引导的重要前提。对重大敏感案件、社会关注度高的案件、"弱势群体"案件等舆情"重灾区"，要进行舆情风险评估，做好舆情防范，第一时间做出准确预测，建立司法突发和热点事件的预警系统，早发现、早应对，把问题解决在萌芽状态。要加强对境内外重点网站、新闻跟帖、论坛及微博、微信的监测，及时发现苗头性、倾向性信息，全面做好分析、研判。认真评估案件性质、社会关注程度、各方利益集团插手情况，以及是否恰遇重要政治活动、外事活动和敏感时段等因素，系统分析研判案件处置是否产生负面影响、负面影响的范围、舆论炒作的范围和方式。针对媒体关注的问题，根据舆情发展的变化态势，组织舆论引导备用口径，研究舆论引导层级、规模、力度、节奏和方式，选择信息的发布时机、发布平台、发布范围、发布形式。

（三）精心组织信息发布

根据案件舆情态势的需要，提前拟定新闻通稿，研究信息发布的时机、方式和平台，第一时间发布权威信息，积极主动回应舆论关切，不给谣言传播机会，从而快速有效地化解舆论冲突。根据案件进展，按照处置部门提供的新闻稿，及时组织中央和省直媒体实时发布信息，组织后续的"滚动"发布，科学有效引导舆论。根据整个案情每个阶段舆情发展态势的需要，组织专访和集体采访，协调媒体刊发通稿。案件处置后，在法律的框架内，按照确定的口径发布专业权威消息，协调外地新闻媒体和各网络媒体使用权威稿件进行综合报道。

（四）统筹网上舆论引导

组织各级各类新闻媒体及时转发权威媒体稿件，并采取评论言论、动态报道、专家专访等多种形式针对网络舆情热点、社会关注重点等问题进行正面回应，牢牢掌握宣传引导主动权、话语权。对于一些疑难案件，协调权威部门组织专业力量，邀请资深律师、法学专家等，采用专业的方式进行网上评论和跟帖，阐明真相、化解疑虑，使网络成为有效沟通的平台。对一些社会性案件的评论勇于回帖，善于灌水，加以合理引导，有助于民众正确认识司法行为，普及法律知识。案件处置的各部门应在互联网上开辟留言反馈通道，与网民充分及时沟通，尽量让网上讨论都回归到法律框架下进行。

### (五) 细致现场采访服务

司法处置部门应确定 1 名负责同志,专门协调服务采访记者,做好采访咨询等媒体应对工作。组织协调新华社、事发地媒体到现场采访,储存舆论引导素材。事发地各县(区)委宣传部会商处置部门设立临时新闻中心,设置媒体接待处,登记到场记者,根据警方设定警戒线或警戒区域划定采访区,受理采访申请,尽量为记者提供现场采访的便利。案件进入审判阶段后,分别对中央媒体、省外媒体和省内媒体制作不同种类的采访证件,合理有序安排受邀境内外记者进入法庭或观摩室旁听采访。对提出报名申请并通过审核的记者,都给予采访接待服务。对未经申请的记者进行核查,提供适当的采访帮助,为记者采访提供力所能及的便利,妥善安排好相关后勤保障。

## 二、重点工作

### (一) 公开公正办案是做好案件舆论引导的前提

司法的生命在于公正。坚持以公开促公正,促进司法透明化才是最好的舆情引导。人民群众对法治和司法的关注度逐年提高,关注主体更加多元,关注焦点更加多样,保护自身安全的诉求已经逐步上升到维护人格尊严的高度。在当今信息高速传播的自媒体时代,任何躲藏和隐瞒几乎是徒劳的,司法部门不能以"拖、压、捂、盖"等手段为尚方宝剑,自动放弃舆论引导话语权。可根据舆论引导需要,精心设计案件依法处理的环节和措施,一丝不苟地做好调查研究,快速公布每个程序进展。协调司法部门自觉接受舆论监督,认真核查媒体和网络反映的问题,及时反馈调查结果。及时、公开、透明地发布最新进展情况和所采取的处置措施,回应社会关切,稳定民众情绪,避免社会误读和不实言论传播。督促相关部门切实落实案件信息发布的相关规定,满足受众信息需求,对隐瞒案件信息或发布不准确信息、延误舆论引导时机、造成重大负面影响的,要追究相关人员责任。特别是进入审判阶段后,只有依法进行实质公开审判,将司法活动公开展现在社会公众面前,在必要时进行现场直播,才能确保案件审理公正、树立司法权威、满足公众知情权和发挥审判教育作用。1998年7月11日,中央电视台现场直播了北京市中级人民法院开庭审理侵犯著作权一案,这是央视也是我国第一次对案件审判进行现场直播,此后出现多次网络直播审理。这种信息公开方式在很大程度上满足了社会公众的知情权,使群众能够第一时间了解案件的审理过程,符合审判公开的原则,能促进审判廉量提高,有利于减少司法腐败,促进法律知识普及,也有效引导了舆论。特别是近年来社会关注度高的案件,审判前舆论高涨,网上公开审判后舆论迅速平静下来,正面评论较多。因此,司法活动公开才是应对舆论的利器。要"咬定青山不放松",全面推动执行流程公开,开通执行信息网上查询平台,使申请执行人能够随时了解执行重要节点信息、执行工作措施和执行结果;要加大庭审公开力度,严格按照法律规定,对应公开审理的案件一律公开审理,全程录音录像,开展庭审网上直播、微博直播,让社会公众适时了解庭审情况;要完善人民监督员制度、律师会见制度,扩大人民陪审员范围,尽可能满足旁听需求;要进一步推行裁判文书公开,充分利用网络快捷方便、传播广、互动性强等特点,通过公众听得懂、看得明、想得清的语言释疑解惑、理顺情绪、化解矛盾,从而平衡公众知情权与坚守法律底线的关系。越是社会公众关注的案件,司法部门在处理过程中越是应当重视程序,过程不合理、程序不正当的现象很容易使人产生对司法公信力的质疑。[①] 2016年1月7日,深圳快播科技有限公司涉嫌传播

---

① 郭卫华主编:《网络舆论与法院审判》,北京:法律出版社,2010年。

淫秽物品牟利罪案在海淀法院开庭,此案引起了社会的广泛关注。无论是控辩双方的精彩交锋,还是网络直播的司法公开,都足以让快播案成为司法史上一个标志性案件,成为一场生动的法治宣传课。

(二) 及时发布信息是做好案件舆论引导的重点

案件发生后,处置单位要分别在立案、采取强制措施、移送起诉、提起公诉、审理宣判等环节准备新闻发布方案和引导备用口径。公安机关相关部门要及时协调现场处置部门,根据案件侦破情况和法律规定发布信息。在案件侦查阶段,原则上不对外发布信息,侦查终结移送起诉后,侦查机关可视案件性质和社会影响对外发布信息。案件审查起诉阶段,人民检察院原则上不对外发布信息,在向人民法院提起公诉后或决定不起诉后,可视案件性质和社会影响,对外发布信息。在案件审判阶段,除不公开审理的案件外,庭审应对媒体有序开放。审判前,各审判法院根据程序需要提前在当地媒体刊发消息,公告单个案件开庭时间、地点。每个案件审判后,根据整个案情舆情发展态势的需要,组织专访和集体采访,协调新华社或当地党报刊发通稿。舆情事件处理过程中,不能轻易给事件定性,要依照严格的程序进行调查后,再对外发布权威信息。对于发布的内容,要进行充分论证,一定是以事实为依据的准确发布,经得起验证,经得起推敲,经得起质疑。

(三) 严格规范信息源头是做好案件舆论引导的关键

"任尔东西南北风。"无论网络舆情多么复杂,案件信息对外发布都要归口。严格统一对外宣传口径,严肃对外信息发布纪律是司法案件舆论引导的关键。司法案件对外信息发布一定是一个出口,应统一安排和协调,否则会干扰群众视线,放大舆情,加大处置难度。地方党委宣传部,应会同当地法院、检察院和政法、公安、司法等部门，采取有效措施，落实责任要求，重点做好对办案人员、律师、工作人员、旁听的干部群众、涉案人员及家属的管理引导，严防涉案人员和知情人员擅自接受采访，或自行在网上发布相关信息。司法相关部门要启动舆论应对应急预案，明确向新闻单位提供案件情况的专门人员、具体要求和相关程序，签订办案人员保密协议书，严格管理案件报道的新闻源，从源头上杜绝破案细节、作案手段的详细介绍和披露。未经统一安排，其他具体办案单位和办案人员不得直接向新闻单位提供案件报道内容，更不得通过微信、微博发布相关内容。不得擅自接受新闻单位采访，以免口径不一，授人以柄。在邓玉娇案中，部门相关人员不断向媒体提供一些具体个人倾向性的意见和消息，就对舆论起到了"煽风点火"的作用，产生了负面影响。

（四）做好当事人和家属思想工作是做好案件舆论引导不可缺少的环节

要以真诚的方式，公正的立场，与当事人、律师及其家属进行沟通，赢得他们的信任，缓和事态，化解矛盾。当事人提出的意见和要求，在法律允许的范围内可迅速解决。律师要协同维护司法权威。律师作为司法专业人员的一部分，维护司法权威和法律尊严也是其应尽职责。尽管律师有言论自由，但是其庭审中的言论豁免以及在庭外与媒体言论的限制两方面存在特殊性。律师在诉讼中的言论属于一种职业行为，对于律师职业行为的具体规制一般通过律师职业道德规范来实现。对于律师在案件未决阶段的媒体言论，大部分国家都是予以限制的。目前，我国对于律师的言论限制在律师职业规范中缺少明确的规定。为此，一些律师将网络舆论作为自己的一种辩护策略，以获得民众同情，争取司法机关的有利处理。因此，要进一步完善律师行为规范，因职务获得的案情，在案件判决前不得在网络或媒体上发布任何有关案情的消息，审判后发布案件信息要客观真实，不得对法官进行人身攻击。

## 三、工作技巧

### （一）采访报道要专业化、法律化

司法案件报道是具有较强的专业性的严肃新闻报道，相关部门要引导媒体传播法律信息、普及法律知识、培育法律意识、梳理法治理念、弘扬法治精神。政府部门平时应组建法律评论专家库，发挥专家团队业务咨询、权威解读、专业点评的作用，提高引导的准确性、专业性和贴近性。协调引导记者坚持依法依规采访，确保采访行为依法开展，报道内容符合法律规定，不采用未经核实的线索和素材，不报道法律明文禁止的信息，不传播道听途说的信息。新闻媒体采访活动要服从现场管理，不得超越警戒线采访拍摄，不干扰司法机关执行公务；对正在侦查和审理的司法个案，按司法公开的法律法规进行采访报道，不得提前披露侦查进展和依法尚未公开的法律文书；不得干预依法进行的司法审判活动，未经审判长或独任审判员许可不得在庭审过程中录音、录像和摄影，不得随意走动和进入审判区，不得发言、提问等；报道诉讼案件时一定要客观公正、全面平衡，尽可能采访双方当事人，力求提供全面信息，做到平衡报道；司法机关尚未认定的案件事实，不应公开传播；未被审判的案件，不应先入为主发表非理性评论，形成"审判预设"；案件审判后，不能对办案人员进行人身攻击等。

### （二）注意保护当事人合法权益

在采访报道中，相关部门应引导记者尊重当事人意愿，避免过度采访追问，不能无视被采访人的感受而竭力要求受害人及其家属回想痛苦经历，给当事人造成二次伤害。协调媒体尊重当事人姓名权、肖像权、隐私权等人身权利，不侮辱犯罪嫌疑人和其他当事人的人格尊严。对依法不公开审理的案件，未经当事人同意，不得报道相关信息。涉及未成年人的报道，未经本人及监护人同意不得公开涉案未成年的肖像、姓名等信息。未经司法机关同意，不得公开公安、检察院机关办案人员信息、情报来源、侦查手段。

（三）防止舆论审判

众口铄金，积毁销骨。我国有着数千年文化传统，天理、国法、人情是深深扎根在人们心中的正义观念，很容易形成道德上的舆论审判。所谓天理，反映的是社会普遍正义，其实质就是民心。民心是最大的政治，民心所向关系到执政根基。法律在最大程度上体现了对社会正义的分配。一个案件的处置，首先要最大限度追求法律正义；同时要兼顾社会普遍正义。这体现了德治的要求，也体现了对民意的尊重，是讲政治的表现。人情也是德治的题中应有之义。讲人情，不是要照顾某个人的私人感情，而是要尊重人民群众的朴素情感和基本的道德诉求，司法审判不能违背人之常情。实现法理情的有机结合，既要靠完备的法律制度，更要靠法官的经验、智慧与良知。"任凭网络风浪起，我自判决取正义。"在司法领域，无论是制定司法政策，还是办理司法案件，最终都要统筹兼顾法律正义和社会正义，坚守法律底线和道德底线，努力探求和实现法理情的有机结合。要准确把握依法独立公正行使审判权和尊重民意的关系，是兼顾两者关系的关键。独立审判与尊重民意并不矛盾，要坚持辩证法、两点论，不能走极端、陷入主观主义和教条主义，坚决防止一强调独立审判就不考虑人民群众的期望和关切，一强调倾听群众呼声就放弃独立审判的原则和要求。河南张金柱案就是一个典型案例，以致最后张金柱仰天长叹"我是被记者害死的"。一方面要坚持依法独立审判的司法原则，始终保持理性、客观、冷静的司法态度，对案件的处理做到实事求是，决不能做出违反事实和法律的裁判；另一方面要坚持司法的民主性，坚持司法的群众路线，通过畅通司法公开的渠道，认真倾听人民群众诉求，自觉接受人民群众监督，在人民群众的参与、见证和监督下，以真诚善意的态度，审慎行使司法审判权，努力让人民群众真切感受司法机关的公正无偏。新闻宣传有扩大、深化法律效果，争取良好社会效果的功能和作用。但任何时候法律效果都是前提、是基础，没有良好的法律效果，良好的社会效果就无从谈起。各级法院要将更多的精力放到提高司法审判能力上来，放到严格司法、公正裁判上来，放到讲求司法公信和法律效果上来；同时要注意通过以案释法、入情入理的新闻宣传，培育和增强人民群众的法治意识和法律观念，促使人民群众信仰法律，尊重法律和司法的权威，确保司法裁判最大限度地取得良好的社会效果，充分发挥司法公正对社会公正的重要引领作用。司法部门应防止媒体超越司法程序，自行做出有罪或无罪的定性表述，混淆道德标准、价值标准和司法审判；防止报道不遵守法定程序和时限，急于追问定性结论和调查处理进展，指责司法部门隐瞒信息、纵容包庇；防止网络或媒体刻意突出身份、阶层、贫富差异，挑动特定群体的偏激情绪，激化矛盾冲突和对立；特别防止以社会问题为由，将犯罪行为合理化、悲情化甚至英雄化，将社会问题与法律判决对立起来。

## （四）加强工作过错预警

公平正义是社会的良心和灵魂，维护公平正义是司法人员的天职。司法引发的一些舆情，成因十分复杂，要有针对性地预警，提醒相关司法部门更加公正透明。有的是裁判释法说理不够透彻清晰，让人产生误解；有的是案件审判过程不够公开透明，导致外界质疑；有的是触及道德伦理，引发道德评判等。要充分认识到在新媒体环境下，要更加积极主动听取社会公众意见，认真回应人民群众关切，以严谨的法理彰显司法的理性，以练达的情理展示司法的良知，以平和的姿态体现司法的温度，努力形成舆论与司法的良性互动，最大限度地凝聚共识，让人民群众从内心认可并支持司法机关依法做出的裁判。当微博上法律视角评论显著增长和普法机制成效叠加，法治精神就会更加深入人心。多数网民面对舆情事件，在情绪平息后就能基于法治框架对事件起因、事件影响、解决方案等方面进行分析研判，更能促使司法部门改进工作方式方法。网民言论所代表的平民话语权正逐步脱离媒介议程设置和从上至下的主流意识引导，反而因其广泛性、正义性反向地主导舆论走势，引起有关部门的注意，影响其治理决策。部分司法案件产生舆情后，主流媒体和有关部门会在轰动性事件中刊文引导或发文整顿。雷洋事件后，公安部制定印发了《公安机关现场执法视音频记录工作规定》，对执法进行规范，这对公安民警和当事人都是一种保护。

（五）果断处置工作中的过错或瑕疵

"千磨万击还坚劲。"司法部门在坚持法理情的正确关系、固有顺序的基础上，应勇于接受舆论监督，第一时间回应质疑、澄清误解，客观、公正、艺术地处理舆论关心的问题，通过公平、公正、公开地运行司法活动，增强司法文书的道理阐释，灵活多样地满足大众的知情需求，可以最大限度地对社会预期进行调整和矫正，赢得民众的支持和信任。处置部门的态度要公平、公正、公开，防止刺激受损群体家属，防止激怒受众，特别要防止让外界感觉到在偏护相关责任人。针对某些负面新闻，没有调查清楚前，主管部门要勇于承担责任，争取公众谅解。既不能无原则地护短、遮掩，也决不能为了息事宁人，"丢车保帅"。一旦调查核实，也应迅速采取必要的"切割"手段，表明认真调查的态度，绝不护短，避免上级司法部门为下级司法部门、司法部门为个别人员的不作为和其他问题"背书"，更不能下意识地辩白修饰甚至对抗[①]。

## 四、案例借鉴

### (一) 聊城于欢案舆论引导案例

于欢故意伤害案，因《南方周末》于 2017 年 3 月 23 日发表的《刺死辱母者》一文的横空出世，而引爆了中国舆论场。3 月 24 日晚，网易、新浪、搜狐、腾讯、凤凰五大门户网站均在首页重点呈现，微博微信等互动领域讨论热度逐渐达到峰值，仅 1 天时间，网民参与数逾 230 万次、评论 8 万余条，新浪微博相关话题累计阅读量超过 4 亿次。

根据媒体报道和网络舆情，公检法迅速回应关注。3 月 25 日深夜，政法系统微信公众号"长安剑"推出文章，强调三句话：政法人应当感谢舆论监督，因为阳光是最好的"防腐剂"；在鼎沸舆论面前，事实和法律仍应是司法工作者的"定海神针"；愿关切最终形成力量，让于欢有一个兼具"法理情"的结局。这种充满温度的回应，同样引发了人们的共鸣。3 月 26 日上午，公检法的声音几乎同时刷屏，调查核查全面展开。最高检派员南下山东，对该案事实、证据进行全面审查，对该案警察执法行为进行调查。山东省高院二审合议庭的法官开始全面阅卷，山东省公安厅的核查工作组启动运转。公检法快速回应民意的诚恳、严格依法处置的决心，取得了良好的传播效果。公开回应被国内多家主流媒体转载，引起了媒体的广泛关注，舆情出现分化。

二审开庭前，公检法积极收集研判舆情，关注媒体及网络舆论讨论内容，积极分析研判舆情。面对网络一片轻判声，案件审理法院要求承办法官首先查明事实，坚守法律底线，既尊重民意

---

[①] 郭卫华主编：《网络舆论与法院审判》，北京：法律出版社，2010 年。

又不被民意左右,使承办法官能平心静气、依法审理该案而不受舆论干扰。根据舆情关注点,5月23日至26日,各级政法机关线上线下统筹协调、精准发力,有条不紊地开展舆论引导工作,把网络讨论引导到法理轨道上。聊城警方通报打掉涉于欢案黑社会犯罪团伙,除杜志浩死亡外,冠县吴学占团伙17名成员全部落网;苏银霞、于家乐(苏银霞之女)涉嫌非法吸收公众存款案成功破获,两则消息引发多数网民点赞。5月27日,于欢案二审开庭,山东高院微博图文直播,全面呈现庭审现场的各个细节和关键节点,让网民实现了"身临其境"全程观看。这次互联网直播庭审方式,打消了普通民众对"暗箱操作"的疑虑,也生动地给广大网民上了一堂普法课。包括新华社、中央电视台、中国新闻网、新京报等新闻媒体关注并报道了此次庭审的情况,传播范围逐步扩大。法院微博直播的做法获得了舆论认可。微博微信即时互动,让案件所持的不同意见得到了充分表达,使"网民"亲身"参与"到审判过程中。

6月23日至26日,山东"于欢案二审宣判"舆情传播峰值位于24日,舆情总体呈现平稳下降趋势,热度已渐趋平缓。从司法公信的角度看,官方回应中所采取的动作完全在法治的框架之内,既讲法律又讲原则,做到了先调查摸情况才做出结论、重事实靠证据不盲目定性、有担当不包庇有错必追责。从舆论引导角度看,涉事部门全部回避,均由其上级部门回应,而面对汹涌的舆情,他们并未自乱阵脚,而是沉着自信地按照舆论规律办事。从回应效果看,可以概括为"及时、集中,有态度、有温度,有释法、有析理",正如网民所说,找到了最大"公约数",极大地赢得了全网的基本共识,有效缓解了舆情危机。在此次舆情发展及应对过程中,不管是涉事部门还是其上级部门,都没有急于找权威媒体或专家出来"洗地",对网民的意见建议都虚心接受,所有正反两方都可畅所欲言,做到了有则改之无则加勉,让所有讨论都回归到法律框架下。

于欢案舆论引导中相关部门学会了在聚光灯下办案，积极推进了舆情风险评估制度建设，"以堵为主"转向了"以导为主"，主动发声、快速发声、有力发声，在争论中普及法律知识，拉近了与网民的距离，赢得了网民的信任。可以说，于欢案是一次极好的普法契机，也是一次社会成熟度的测验，让大家对中国法治这些年的成长及中国法治的未来，产生了更多信心。

（二）内蒙古王力军收购玉米案舆论引导案例

2015年3月，接群众举报，内蒙古巴彦淖尔市王力军被临河区工商部门立案调查。经过调查，工商部门没有发现王力军存在"坑农"行为。工商部门却以王力军收购玉米，属于无证经营行为，将王力军移交临河警方。2016年4月15日，巴彦淖尔市临河区白脑包镇永胜村农民王力军，因无证收购玉米，被临河区人民法院以非法经营罪判处有期徒刑一年，缓刑两年，并处罚金人民币两万元。宣判后，被告人王力军未上诉，检察机关未抗诉，判决发生法律效力。

2016年7月7日，《华西都市报》封面新闻以《探访贩卖玉米获罪农民：干这行的上千人都没有证啊》为题，深度关注了王力军案。报道刊发后，引发全国媒体关注，网络舆情和媒体对一审法院判决普遍存在质疑。案件的讨论引起了中国的法律专家、经济专家的关注，也引起了最高人民法院的关注。在发现王力军案引发的社会舆论后，最高人民法院重新研究此案，将其纳入审判监督庭的监督指导范围。重新检查一审卷宗后，最高人民法院认为，从认定事实所依托的证据上看，一审认定的事实没有问题，但在如何处理上却有不同的看法。为了统一司法标准，保障每个公民享受到法律的公平正义，最高人民法院于2016年12月16日，依法指令巴彦淖尔市中级人民法院对王力军非法经营一案进行再审。最高人民法院的公开回应被国内众多主流媒体转载，并引起了网民的广泛关注，仅百度搜索就有相关链接 2800 多个，舆情出现明显的分化。

2017 年 2 月 13 日，巴彦淖尔市中级人民法院依法公开再审此案。庭审前，法院充分利用官方平台，及时发布开庭时间、地点等最新信息。庭审中，全国多家媒体到场旁听，公众知情权和记者采访权得到极大的满足，司法机关以公开赢得了主动。庭审在当日结束，法院宣布择期公开宣判。巴彦淖尔市中级人民法院再审认为，原审被告人王力军于 2014 年 11 月至 2015 年 1 月期间，没有办理粮食收购许可证及工商营业执照买卖玉米的事实清楚，其行为违反了当时的国家粮食流通管理有关规定，但尚未达到严重扰乱市场秩序的危害程度，不具备与刑法第二百二十五条规定的非法经营罪相当的社会危害性和刑事处罚的必要性，不构成非法经营罪。原判决认定王力军构成非法经营罪适用法律错误，检察机关、王力军及其辩护人提出王力军的行为不构成犯罪的意见成立，均予以采纳。

兼听则明，最高人民法院旗帜鲜明、率先表态，把网上舆论放在法律框架下进行讨论，上遵法律、倾听民意，将个案的处置与广大人民群众的根本长远利益结合起来，与国家长治久安、国泰民安结合起来，这样办结的案件就会成为经得起历史和人民检验的"铁案"[①]。

王力军收购玉米案舆论引导破除了对媒体"不理、不用、不管"的观念，及时响应、全面公开，以公开促公正，让舆论回归到法律理性范围内。

---

① 广东省高级人民法院编著：《司法公正与网络舆情》，北京：法律出版社，2013 年。

## 第五节　社会关注的敏感事件的舆论引导

在当前的社会转型期，社会经济结构、文化形态、价值观念等都在发生深刻变化，因为生存环境、生产条件、生活压力的差异性，在城乡之间、区域之间、阶层之间、群体之间都客观存在着很多不协调、不平衡的因素，群众利益诉求增多、社会热点频现，公众情绪成为群体性事件的诱发因素。个别党员干部法制意识淡薄、工作方法简单粗暴，办事不公、作风不正的现象也还不同程度存在，与民争利、以权谋私现象时有发生，个别地方干群矛盾突出，影响了宣传思想工作的说服力；个别地方在征地拆迁、医保低保、住房保障、计划生育等工作中存在不公平现象，但地方政府还习惯于用敌我矛盾处理群众的合理诉求，极易造成社会群体的对立和仇恨，发生群体性事件，基层思想工作的疏导调和任务相当繁重；一些地区成为境内外敌对势力煽动和渗透的重点，突发、偶发事件触动形成暴力事件的可能性仍然存在，对舆情工作的敏感性和预警性提出了更高要求。据 2016 年度十大舆情事件盘点，社会关注的突发敏感事件占据多数，且不少舆情事件因涉及人身安全引发全民关注，最终刷爆全国舆论场。其中山东非法疫苗案体现了逐利心理下的人性缺失，且祸及幼儿；和颐酒店女性被拖拽事件背后，是社会安保的漏洞和男女定位的性别识别冲突；魏则西是监管部门履职不力和利益机构压制下的受害者；雷洋事件则是普通公民面对疏于管制的执法者，无力反抗的典型代表。从这几件闹得沸沸扬扬的典型舆情事件可以发现，现代社会中民众在各种心理、生活压力及焦虑状态下，人身安全已被视为最基本的生存底线，民生利益神圣不可侵犯。随着民主意识和权利意识的强化，公众越来越重视维护自身的利益。政府决策与公众利益密切相关,一旦政府部门出现忽视民意而主观决策的情况,就容易引发公众对立情绪;这种对立情绪经过网络发酵,易酿成社会广泛关注的敏感事件和舆情危机。因此,社会关注的敏感事件极易发生,舆论引导任重道远。

## 一、工作流程

### (一)提前研判预警

敏知于萌芽,感知于末梢。最好的舆论应对,就是做好舆论应对前置,不发生突发事件。有关部门一方面要随时向主要领导汇报群众思想政治工作的重要性,及时化解群众心中的怨气;另一方面要把及早发现、提早预警作为应对舆论的前提要务,注意在日常监督中及时发现苗头性信息,在重要时间、事件节点提前梳理可能出现的问题,供当地党委政府主要负责人参阅,把事件化解在萌芽状态。特别要注意区分政治原则问题、思想认识问题、群众切身利益问题,有针对性地逐一分析研判。发现舆情后,及时分析突发事件可能发生的概率;发生突发事件后,及时遏止负面影响的范围。

### (二)积极妥善应对

突发事件发生后,相关部门如不能抢占舆论制高点,各种猜测、谣言就会蔓延,这时再来引导舆论就会事倍功半。因此,一旦出现重大舆情和突发事件,事发地应立即启动预案,实行相应舆情响应,与公安、国安、通信等部门协调联动,第一时间与上级宣传、网信部门专人联络,及时汇报工作情况,争取指导和支持,控制舆情扩散,迅速开展新闻宣传和舆论引导工作。按照"属地管理"原则,以市、县(区)新闻应急指挥机构为主体,充分动员市、县(区)内各机关单位,形成统一指挥、反应灵敏、协调有序、运转高效的工作机制。协助涉事部门尽快查清问题根源，推动涉事部门提出解决问题的措施办法，线上线下同步发力，赢得公众的理解和支持。陕西榆林孕妇跳楼事件的舆情处置中，各级各部门边处置边应对，主动表明认真处置的态度，较好地掌握了舆论引导主动权。2017年8月31日，陕西榆林产妇马某某在即将临盆之际，却因为要求剖宫产无果而跳楼自杀。悲剧发生后，激起了强烈的社会舆论。9月3日，涉事医院榆林市第一医院官方微博发布了情况说明。9月7日上午，国家卫生计生委在北京召开例行发布会，国家卫生计生委新闻发言人、国家卫生计生委宣传司副司长宋树立表示，"我们向家属表示深切慰问，我委对此高度重视，已责成当地的卫生计生部门认真调查核实，依法依规严肃处理"。榆林市委市政府和陕西省卫计委成立了榆林市绥德"8·31"孕妇坠楼事件调查处置领导小组，在初步调查了解的基础上，于2017年9月7日晚对外公布了孕妇坠楼事件初步调查结果，回应了社会和网络媒体的关切。随即，榆林市卫计、公安部门又成立了专门的调查组对坠楼事件展开深入调查，领导小组下设调查组、舆情组、善后组3个工作小组，对坠亡事件依法、依纪、依规进行调查，于9月7日晚上公布了调查结果。调查结果初步认为：该产妇入院诊断明确、产前告知手续完善、诊疗措施合理、抢救过程符合诊疗规范要求；此次产妇跳楼事件，暴露出了医院相关工作人员防范突发事件的意识不强、监护不到位等问题。此后，相关部门对造成孕妇自杀的原因进行进一步深入调查，善后工作组进行妥善处理，舆情回归平稳。

（三）畅通信息发布渠道

任何一个部门对一些社会热点问题和各种类型的突发事件信息处置不好，都会引起社会秩序混乱，影响社会和谐稳定，影响党和政府的形象。事发地要敢于触及热点，跳出热点看热点，从大局高度看热点、引导热点。协调有关部门主动引导社会热点，加强主题策划，主动释放信息，回应社会关切，改变"辟谣战""解释战"的被动局面。动员处置部门敢于触碰社会热点，不掩饰问题、不回避矛盾，主动设置议题，动员群众力量一起解决当前矛盾和问题。突发事件发生后，事发地应及时将真实信息上报上级党委宣传部门，第一时间对外发布信息，抢占舆论制高点，第一时间通过当地官方微博、微信账号动态发布进展信息，第一时间组织网评引导舆论，不给谣言滋生和蔓延留有空间。针对舆情和社会关切内容，立即与相关部门沟通，加强分析研判并抓紧制定应答口径，拟定对外发布的新闻通稿。必要时，迅速组织新闻发布会，及时、公开、透明地发布最新进展情况和采取的处置措施，回应社会关切，稳定民众情绪，避免社会误读和不实言论传播。

（四）及时主动引导

针对社会关注的敏感事件，主动应对才是不二之选。相关部门在调查事件原因和妥善处置事件本身的基础上，应主动表明立场，积极引导舆论走向，尽可能在短时间内消除公众情绪，化解负面影响。特别是社会关注的敏感事件往往存在工作失误的因素，相关部门要敢于正视问题，勇于承认失误，认真改进工作，切实维护群众的切身利益。对群众关注的切身利益，要讲清楚事实、说明原因，及时解疑释惑、理顺情绪，推动处置工作进展。

## 二、重点工作

（一）积极引导媒体开展报道才能先声夺人

理性的声音是舆论场的"压舱石"，但理性声音不会凭空出现。主动做好与记者的沟通和相关采访议题的安排设置，提供新闻通稿、采访素材，帮助做好采访的对接和联络工作。积极引导记者按规定采访、按口径报道，切实维护采访秩序。协调相关部门认真核实材料,确保信息来源可靠,报道内容真实,具体情节无误。对网上和境外炒作的,需协调新华社、中新社等外宣媒体,按照精准发力、分众化传播的方式,有针对性地发布对外消息,驳斥谣言、防止炒作。

(二)加强采访报道后勤保障才能有效掌握主动

社会关注的敏感事件,媒体将会更加关注。协调做好新闻发布和事发现场采访记者的登记、管理和服务工作。为记者采访提供力所能及的便利,妥善安排好相关后勤保障工作。主动做好与记者的沟通和相关采访议题的安排设置,提供新闻通稿、采访素材,帮助做好采访的对接和联络工作。新闻办与外事、公安、台办等部门保持密切沟通,及时掌握境外记者现场采访情况,有针对性地提供服务。对违法违规采访进行劝阻,要求其向当地主管部门提出采访申请。对提出报名申请并通过审核的记者,都给予采访接待服务。对未经申请的记者进行核查,提供适当的采访帮助。

(三)强化网上监测引导才能确保舆情平稳有序

提前预判,舆论引导将会事半功倍。处置部门、网信部门要有针对性地进行舆情收集,了解社会网络舆情走向。处置部门要进行 24 小时网上舆情监测,及时了解线上线下相关舆情的最新动态,特别要及时掌握线下行动性、苗头性信息。要有针对性地组织高质量帖文,引导舆论走向。邀请权威专家用自己的专业知识向公众解释事件原因,引导公众理性看待。

(四)线下有效沟通才能从根本上解决问题

每一次社会热点敏感事件背后,都折射出某种社会需求和现实问题。关键要以人为本,为当事人解决困难、问题,才能从根本上化解矛盾、消解舆情。互联网时代,今天不解决线下的问题,明天就可能酿发大事件,对党和国家造成更大的影响。上海携程亲子园事件发生后,涉事有关方面迅速组织全部孩子体检和心理疏导,有效稳定家长情绪,消除了引发突发事件的隐患。

## 三、工作技巧

### (一)严格控制信息源头

凡事抓源头就抓住了解决问题的关键。从危机传播来看,信息传播源头就是危机和舆情应对的突破口。社会关注的敏感事件舆情不断发酵,很大程度上源于当事人不断发布信息。解铃还须系铃人。做好社会关注的敏感突发事件舆情引导的前提是在线下做好当事人的思想工作。要严格控制相关当事人不断通过微博、微信等网络平台发布相关信息,特别要防止处置人员擅自接受媒体采访,造成各自信息相互矛盾,不断点燃新的舆情。

### (二)善用媒体解决问题

绝大部分媒体记者都有"铁肩担道义"的理想。在突发敏感事件处置中,要相信媒体记者有帮助事件妥善处置的愿望。要善于利用传统媒体的权威性,组织媒体到现场采访,向公众还原事件真相。要善于运用党报、电视台以及都市媒体的力量,围绕群众普遍关注的社会热点或突发事件,第一时间发布准确信息,及时表明党和政府的立场态度、处置意见和工作进展。在关键时刻、重大问题上一定要利用主要媒体掌握话语权,刊发短小有说服力的评论,积极、主动、有效引导社会舆论沿着理智、建设性的轨道发展,不给小道消息和谣言提供传播空间。

### (三)适时调控舆论走向

突发事件后,介入过早可能被指干涉网络公共空间的自由讨论,引发次生舆情。介入过晚可能导致谣言得逞,对群众、政府乃至社会安全造成难以补救的损失。事发过程中,在同情、利己等心理作用下,舆论初期常表现为愤怒控诉责任人和相关部门、易被煽动闹事、造谣传谣，后期表现为站队明显、群体极化。若不能对负面舆情及时降温，可能导致舆论政治化，甚至触发群体性活动。在此过程中，有关部门需要广开言路、兼听则明，汲取合理的民怨、民愤、民意、民谏，透过现象看本质，从源头上为群众解决问题。对于恶意歪曲事实、模糊舆论焦点、借机炒作等不良舆论引导行为，有关部门需要利用多种手段进行干预纠偏、击破谣言，以维持基本事实为原则，肃清网络毒害信息。事发后，舆论进入反思总结阶段，容易关联历史事件并归纳为社会现象，或危言耸听预估未来趋势。有关部门需要回归行政管理，制定相关法制条例，封堵体制漏洞，约束行业自律。此举不仅能彰显有关部门执政为民的根本决心，更能直接消灭无中生有的负面谣言。

## 四、案例借鉴

会理 PS 事件被评为 2011 年最成功的政府危机公关案例之一。2011 年 6 月 26 日，一位网民在天涯论坛发帖称，在会理县政府网站看到一张新闻图片里的三位当地官员好像是悬浮在一条新修马路的上方。这很快点燃了网民们"恶搞"的热情，网民们找到原图开始"欢乐的"PS 之旅。一夜之间，时任县长李宁一等三位官员的头像开始穿梭于阿富汗战场、侏罗纪公园、里约热内卢基督像的手臂等各种场景之中。

在一片笑骂声中，几乎所有人都以为会理县从此将与"丑闻"二字相伴，转折却就此发生。2011 年 6 月 27 日下午 5 时，会理县在其官方网站上挂出了《向网络媒体、各位网友致歉信》。20 分钟后，天涯论坛出现相同的致歉信。晚上 6 时 27 分，会理县在新浪微博上开通官方微博进行道歉。作为"悬浮照"的制造者，"会理县孙正东"在贴出道歉信后，开始了与网友的轻松互动。他贴出了一系列会理当地的风景摄影图片，并风趣地表示：

## 第二章 突发事件舆论引导分类处置办法

"感谢全国热心网友,让会理县领导有机会在短短的时间内免费'周游世界','旅行'归来后,领导已回到正常的工作轨道,也希望网友把关注的焦点,转移到会理这座古城上来,看看镜头下的美丽的会理吧,绝对没有PS哦。"这条微博很快便获得了上万次的转发评论,而评论的主流声音也意外地从嘲笑变成了理解和宽容。

会理县委主要领导主动面对网上的嬉笑怒骂,真诚对网民、真情回质疑、真实披露情况、真心接受谴责,让危机着陆。可以说,对错误和问题的及时承认、坦然面对,才推动了其后会理县开通官方微博,借势开展地方网络营销。网友评论,"这是我所见过的最好的政府危机公关!竟然来自一个小小的县城"。

会理PS事件舆论引导关键在用真心、真情、真诚的态度及时地进行回应,赢得了公众的谅解。

# 第三章　突发事件舆论引导应对技巧

我国社会正处于转型时期，改革进入攻坚阶段，发展处于关键时期，利益主体多元，利益关系复杂，社会矛盾交织，各类问题多发多变，社会也积累了一些矛盾和问题，如暴力拆迁、执法不当、官员腐败等。这些矛盾和问题，通过内部不断改革，通过各级党委政府的细致工作和解释，一般都能妥善解决。但在现实中，因应对不及时或失误，往往成为舆论的"堰塞湖"和突发事件的"导火索"。一旦失控，甚至会引起突发群体性事件。加之在网络时代，新闻传播越来越呈现人人传播、多向传播、海量传播的特征，线上线下、虚拟与现实、境内与境外共同构成一个日益复杂的大舆论场，任何人都可以制造热点问题，人人都处于舆论场中。当无组织的网民利用网络形成泛组织，使网民关注话题相对集中时，就会产生巨大的舆论影响力，一件小事情甚至一句话、一个行为都可能引发轩然大波。更何况一些长期积累的矛盾和问题，更易在网络上放大进而形成井喷式舆情。因此，对于任何与人民群众利益相关的"小事情"都不能掉以轻心，要高度重视、积极处置。在群众面前要谨言慎行，虚心为群众办事，善于与媒体记者沟通，提高与媒体打交道的能力，避免出现一些低级错误言行。

## 第一节　突发公共事件舆论引导常见错误做法

突发事件发生后，许多基层党政领导干部认为处理事件本身是头等大事，往往没有意识到，做好突发事件舆论引导同样重要，有时还是更为重要的头等大事。不少地方政府部门依然存在不想说和不愿说的躲避心态，一味指望宣传部门来面对媒体，接受访谈和组织发布，常常导致信息公开不及时，重点信息缺失，虚假信息扩散。更有一些地区和单位，不能正确对待舆论监督，不会引导突发舆情，不及时公开信息、尽快采取措施妥善解决问题，而是不支持、不配合媒体采访，试图封堵和掩盖，导致事态急剧恶化、舆情急剧上升。

### 一、百般阻挠

一些领导干部面对突发事件或舆情，担心消息公开影响党委政府形象，影响社会稳定，主观上就对信息公开存在抵触情绪，面对媒体记者矢口否认发生的相关事件，企图蒙混过关。有的故意忽略公众的信息需求，尤其是网络舆情的关注热点，甚至"掩耳盗铃"地认为只要避谈热点焦点问题，公众注意力会自然转移，甚至还一味要求外宣部门、网管部门和新闻媒体对一些言论和信息进行删、封、堵。有的地方是把删帖当作重视舆情的手段，处理问题简单化。最常见的是，没有把群众反映的内容当作问题主体，而是听不得负面意见，把群众反映问题这一形式当作问题。而且不少基层领导干部习惯于把"解决问题"的主要责任摊派给宣传和网信部门，这看起来是"专业对口"，实则是回避群众呼声的懒政行为。互联网是一个没有边际的海洋，不去解决问题的根源，而试图用删帖的手段实现耳根清净是掩耳盗铃。删再多的帖，矛盾依然存在，而且还可能发酵，酿成更大问题。在个别案例中，还有基层干部对上网发帖的群众进行打击报复，这更容易激化矛盾，不利于问题解决。总的来说，许多基层部门面对突发事件的错误做法主要表现为：管制大于引导、被动多于主动、对立多于对话、回避多于回应。

1. 对外界封锁消息

一些单位和企业认为，不论公共事件的性质和规模如何，都会给当地政府和自己带来政治、经济和声誉上的破坏与影响，信息的披露会引起公众的恐慌，影响上级和外界的认可。故而面对网上热点，选择沉默，置之不理。2016年4月5日凌晨，杭州女子在优酷土豆发布女生遇袭视频，并以新浪新设的微博账号@弯弯_2016发布微博，快速引爆传播，新浪微博"某酒店女生遇袭"话题超20亿次点击。据某舆情机构统计，总话题量超40亿次点击，微博、微信朋友圈等社交媒体全线热转热评，相关视频也被爆转。舆情放大的更重要的原因是，当事方对新媒体的消极应对态度。该酒店作为这次的舆情主体，在一开始就处于被网民质疑和谴责的境地。但酒店非但没有通过舆情应对降低此事的负面影响，反而让酒店的负面舆情越演越烈，甚至在社交平台上直接出现了抵制相关的话题。在互联网时代，每个人都可以成为信息发布渠道，"捂"是"捂"不住的，无论是政府还是企业，在突发事件和敏感问题上缺席、失语，反而会激化事态。值得欣慰的是，国信办抽样调查发现，目前70%以上的党委政府能够在热点事件发生后主动发声，选择沉默的应对方式的越来越少。

2. 一味辟谣和否认

部分地方不正视本地突发公共事件的新闻或传闻，不管传闻是否全部准确、部分准确或纯属虚构，一律认为其将影响本地的安定团结与社会和谐，强力进行各种方式的辟谣和否认，巧言令色，混淆视听。当主流媒体的资深记者采访某些领导干部之时，往往是他们采访结束之日。他们已经掌握了足够的事实材料,搞清了事实的真相。找领导干部采访,主要是看一看当地党委政府的态度和立场。而此时,个别领导干部采取死顶硬扛的态度,那么,这些表现就会被完整地记录下来,原原本本暴露于光天化日之下[①]。2015 年 9 月,江苏省常州某学校迁至位于新北区龙虎塘街道的新校区,新校区与常隆污染地块仅一路之隔。该污染场地原址是几十年的农药厂、化工厂,家长得知消息后一阵恐慌,纷纷质疑学校选址不当。2016 年 1 月 4 日,媒体报道常州常隆地块土壤修复一事后,引起社会关注。常州市新北区政府表示,经对学校周边的六项关键空气质量指标进行检测,表明其均符合国家标准。校方官网发布《校区环境检测结果的说明》,称"土壤及地下水质量检测结果满足学校环境质量要求"。4 月 17 日,中央电视台新闻频道《新闻直播间》栏目播出"不该建的学校"报道,反映学校自搬新址后,有 493 名学生检出皮炎、血液指标异常,个别查出淋巴癌、白血病一事。4 月 18 日,常州市政府回应称,专家组做出结论:工程已达到预期环保治理效果,空气质量监测完全达标。4 月 18 日 17 时 03 分,学校向家长和师生发布了一封公开信,直指央视的报道存在一些"硬伤",包括引用的数据、观点甚至镜头语言都带有强烈的导向性。此事件引起关注后,常州市当地政府和相关职能部门在第一时间对此事进行了回应。但这些回应中,尤其是所公布的关于学校环境监测合格的信息,与媒体调查和家长反映的相差较大,使得这些回应并没有起到阻断舆情的作用,反而将舆情推得更高。2012 年 4 月 10 日,重庆万盛区发生群众聚集事件,诱因是万盛区和綦江县合并为綦江区,引发群众强烈的利益诉求。从当天中午开始,万盛广场、高速公路路口、公安分局等地先后出现一万多人聚集。直到

---

① 任贤良著:《舆论引导艺术》,北京:新华出版社,2010 年。

第二天上午 10 时，警方才介入，现场一度失控，造成人员伤亡。其间，没有任何主要领导到现场与群众对话。12 日，重庆市政府才对事件做出回应，表示将出台相关政策解决群众诉求。

3. 不择手段阻止报道

某些地方和单位法治意识、责任意识、媒体意识淡薄，在突发事件发生后，党政领导干部就会指令宣传部部门的同志，动员一切力量，制止报道。宣传部部长成为"消防队长"，主要任务不是搞宣传思想工作，而是为当地的负面舆论"灭火"，甚至有少数地方出了事情还违规拿钱消灾，试图买通记者不报道，私下进行非法网络公关。例如，2012 年 12 月 26 日，《中国新闻周刊》资深记者徐智慧到河北沧州某县，采访非法取土破坏农田一事，遭到该县国土资源局官员阻挠骚扰。26 日下午，徐被困于国土资源部办公室中，对方企图拿出 1 万元来封口。国内主流媒体和正规记者是党的媒体和记者，一般都会遵守法律和新闻纪律。一些非正规记者，即使拿了所谓"封口费"，也有可能把消息卖给其他人或在网上进行炒作。还有的地方，为了"堵住""捂住""盖住"事件，殴打拘押采访记者，这种行为不仅严重违纪违法，还使矛盾被快速激化、扩大，使问题的性质发生根本性演变。诸如近年来发生的辽宁西丰县委书记进京抓记者、浙江遂昌县公安局网上通缉记者、湖南石门县委宣传部发公函骂记者、甘肃敦煌政府发文阻扰媒体采访等事件，促使舆论冲突升级，从而引发新的更大的舆情。

## 二、推卸责任

新媒体时代，社会公众不仅能够从多种渠道迅速获得信息，还能非常便利地对相关信息进行确认、核实、求证和验证，很快掌握事实真相。但某些地方还试图推卸责任，避重就轻，掩人耳目，企图大事化小，最终不仅于事无补，反而自食恶果，成为众矢之的，产生恶劣的社会影响。

1. 避重就轻，大事化小

有些地方和部门面对突发事件企图息事宁人，将大事化小、小事化了，但又逃不过群众雪亮的眼睛，进而迅速引发新一轮的舆情。2011年5月，央视曝出三台县挪用救灾资金用于房产开发。新闻里县财政局、工商局官员都称县领导一再施加压力，他们顶不住才办理的，但最后县里只处分了一个县委办副主任。这样的处理结果社会大众明显不接受，迅速推动舆情升温。2012年1月28日，三亚发生"宰客门"事件，迅速引起网民热议。1月30日下午，市政府新闻办才做出回应，先后以"零投诉""无法举证""要求当事人出来调查"等理由冷漠应对，引发网民强烈反弹，三亚再次被推到网络舆情的风口浪尖。2月1日上午10时，市委市政府举行媒体见面会，海南省副省长、三亚市委书记对"宰客"现象表示歉意，才使舆情逐渐回落。市政府部门没有在第一时间做出积极反应，在网络舆论进入白热化阶段才被动回应，自酿苦果。

2. 缺乏诚信，难以服众

不少政府部门组织在舆论引导中，通常习惯于将有利于政府的信息通过大众传媒发布出去，刻意隐瞒工作缺陷，遭到公众不断质疑。前些年，一些政府部门在面对各类事关自身的突发舆情事件时，常常拿出"临时工""协警""实习生""监控坏了"等作为"挡箭牌"，试图一推了之，"临时工"等成了网络危机公关热词。在新浪微博上以"临时工"为关键词检索，信息达1.3万条，在百度中检索条数更是高达231万条。有专家分析说，在"临时工"成为网络热词的背后，体现的是个别政府部门应对网络危机舆情时的懒惰作风、侥幸心理和缺乏诚信，必然导致政府公信力下降，失去民心。同时，规避或淡化对政府不利信息的这种做法并没有真正贯彻"信息公开"的制度，而且会收到负面效

103

果，可能受到舆论批评。2016年2月11日，常州游客陈岩以名为@jack光头的账号发布微博称，春节期间在哈尔滨市松北区"北岸野生渔村"吃饭时"被宰"，引发网民热议。舆论升温后，涉事店家并不承认宰客行为，而哈尔滨松北区官方通报也称饭店是"明码标价"。直到2月16日，涉事消费者陈岩现身称官方调查情况不属实，并爆料自己受到骚扰和恐吓，事件开始出现反转，涉事饭店存在的多种问题被陆续爆出。2月21日，哈尔滨"天价鱼"事件调查组完成调查，认定这是一起严重侵害消费者权益的恶劣事件，做出吊销涉事饭店营业执照，对店主罚款50万元等处罚决定。相关舆情量在2月17日达到顶峰。而哈尔滨旅游治理的乱象也随着事件的不断反转逐一浮出水面。事件最终被定性为"严重侵害消费者权益的恶劣事件"，涉事饭店受到重罚，但迟来的正义并不能将公众的愤怒和质疑消除。

3. 妄下结论，激化矛盾

一些地方和部门面对突发事件，不能勇敢面对和承担责任，担心说了真话就表示承认自己的工作存在过错，引起公众质询，因此不敢说真话，不敢公布事件真相，妄下结论和原因，导致引发新的舆情。云南某县爆炸案发生后，县里为了把案件和拆迁分割，认定是一个送水工所为，但又拿不出证据。公安局局长表示"以自己的前程担保是他干的"，成为笑柄。2010年4月22日下午，乐山某市强征土地引发多人自焚，引爆网络。24日晚，该市政府组织新闻发布会表示，"经过详细核实信息"，这次冲突不是一起简单的民生诉求，而是"少数人为了个人的不正当利益要挟政府"。这一定性成为舆论持续热议的焦点，凤凰网、新浪、搜狐等国内数十家知名媒体纷纷转载相关评论文章。红网评论员文章《"少数人的个人利益"有啥"不正当"》指出，这些土地，是农民与政府签了承包协议的，他们才是土地合法使用的主人，他们不同意放弃承包，除非有法律强制性的规定，任何人不得剥夺他们的权利，政府凭什么指责他们的个体利益不正当呢？

## 三、引导乏力

许多突发事件的产生、发展、演变、扩大乃至恶化，大部分与当地舆情应对处置不当、舆论引导能力欠缺有很大关系。有些同志在媒体采访过程中要么简单应付、敷衍塞责，要么胡乱表态、陷入被动；有的要么先入为主、竭力干预，要么战战兢兢、不敢面对，出现负面报道不管自己干得好与坏，一律归咎于记者惹的祸；还有一些领导干部不懂互联网传播规律、不会合理使用互联网，有的甚至存有不同程度的回避、盲从心理；有的不了解互联网新兴经济业态，脱离网络、疏远民意，面对群众切身利益的诉求，手足无措、进退失据、消极被动；有的面对突发事件，回应迟钝、方法简单，舆论引导手段乏力，缺席、失语、妄语，最后产生难以控制的后果。

1. 反应迟缓，贻误良机

一些地方在处理突发公共事件报道上，由于执政水平、从政阅历、工作态度等多种原因，无视舆论监督和指责，对事态的发展前瞻性和预见性不足，我行我素、无所顾忌，导致小舆情引发大舆情甚至是大事件。一些单位上上下下都遮遮掩掩、闪烁其词、相互推诿，生怕引火烧身，反而让媒体记者和社会公众推测这个单位肯定存在不可告人的问题。不真诚的沟通易引起记者的反感，更加激发记者"揭盖子"的天性和斗志，最终烧成舆情大火。如湘潭市"90后副局长"事件，首先被网友曝光，由于涉事单位应对不及时，迅速通过网络和媒体传遍全国。2017年4月1日，四川省泸县太伏中学学生赵某在宿舍楼外死亡，网传死亡原因系未交"保护费"，被五名校霸殴打致死，凶手包括当地政府官员的儿子。这一消息在网上大量传播，以致出现各种流言。事件发生后，当地政府在"维稳"思维的主导下，动用警力封锁交通,屏蔽当地通信和网络,阻止记者采访……该事件不断发酵,最终上升为群体性事件,产生了重大的社会影响。又如2016年11月11日,两位女性游客在丽江被殴打,其中一位被毁容的事件,突然在微博上引发全民关注。包括《人民日报》官方微博在内的数百家媒体都对此事件进行了报道或转发。在网络铺天盖地的舆论口水面前,丽江市政府的应对却令人大失所望。至2017年1月24日晚,丽江市公安局才组成工作组,专门就网络反映的情况进行调查核实,造成网络上一度出现"拒绝去云南,拒绝去丽江"这样极端的呼声。2007年,重庆九龙坡区"最牛钉子户"被新闻媒体广泛聚焦。从媒体关注这一事件开始,钉子户吴萍每天都出现在工地上,手持《宪法》向境内外媒体发布新闻。相反,当地几级相关部门几乎没有对外发布相关信息,致该事件最终被网络炒作得沸沸扬扬。

2. 自说自话,缺乏公信力

突发事件发生后,有没有问题应由上级部门来下结论,或者由第三方来评判,自己空口说自己没有错误,缺乏公信力,只会引发网民嘲笑。2016年10月12日,天津市河北区51岁的赵春华大妈在街头摆射击摊的6支枪形物被鉴定为枪支。12月27日,天津市河北区法院一审判她犯"非法持有枪支罪",判处有期徒刑3年6个月。报道一出,迅速引发了网民的热议,社会舆论一片哗然。而在此次事件中,司法系统自己的"枪支鉴定标准"俨然成了众矢之的。国家发改委副主任、能源局局长刘铁男被记者实名举报,能源局新闻发言人发言称"纯属污蔑"。结果,半年后刘铁男被双规。芦山地震后,网友不断发帖称雅安市委书记"钱多房多女人多",该市也是让新闻办出来回应,称网友"造谣"。2016年,原泸州医学院再次更名为西南医科大学,引起重庆方面的强烈反应,重庆媒体持续炒作,掀起舆情热潮。教育部门和有关方面回应迟缓,理由牵强,基本不能自圆其说,导致舆论质疑嘲讽。

3. 抓不住要害，隔靴搔痒

有些地方面对记者采访和公众质疑"打太极"，推来推去，不肯直接面对实质问题，最终致使记者和社会公众产生逆反心理，产生舆情。2016年4月22日，教育部与国家发改委下发《关于做好2016年普通高等教育招生计划编制和管理工作的通知》（简称《通知》）。根据《通知》规定，江苏省教育厅发布了《关于2016年江苏高等学校跨省招生计划的说明》，表示江苏省将调出3.8万个招生计划名额安排到中西部省份。5月10日，"2016年江苏高考将调出3.8万个招生名额到中西部省份"的消息在江苏的高中生家长群中"炸了锅"，陆续有家长前往江苏省教育厅抗议陈情。此则《通知》的下发时间距离2016年高考只有一个多月，对于正处在紧张备考阶段的考生及家长来说，无疑触碰了他们最敏感的神经。在连续数日的群众集会和抗议后，教育职能部门做出了回应，并称2016年江苏、湖北的高考录取率不会降低，"减招"是个误会。但是，在庞大的"减招"数字面前，仅谈"比率"不降，在群众眼中几乎没有多少价值。面对可能已经倾斜的心理天平，一般性的表态显然很难平息汹汹不满。家长质疑，既然江苏高校可以增加3.8万个招生名额，这些名额为什么要让给别人家孩子，而不是留给自家孩子？教育部门的承诺并不能回答这个质疑。2011年，河南宋庆龄基金会花数亿元修建24米高的宋庆龄雕像，引发一片质疑，舆论认为善款的使用应有监管，不能自己想怎么花就怎么花。该基金会对外称，修的不是宋庆龄雕像，而是黄河女儿。然而社会关注的焦点不是修的谁，而是善款的使用有没有制度限制。再比如，有一段时间广州城管系统连发负面事件，如"番禺城管队长醉驾打人""天河城管小贩互殴"等，经媒体报道后在网络上传播，轰动一时。广州城管官方对外表示，为了重塑良好社会形象，要建立一支网评员专兼职队伍，加强培训指导，并联合有关部门加强网上舆情收集和监控，防范不良信息传播，形成网上正面舆论导向。此消息一出，舆论一片哗然，媒体、社会及网友均对此表示不认同。《辽沈晚报》发表评论文章指出，城管的形象差，问题并不在舆论偏见的误导，根源在于城管自身。《长江日报》评论指出，该措施不仅没有找准病根，反而颠倒是非，本末倒置。

4. 缺乏敏感，造成误判

网络时代，无论实体处置还是宣传报道，不仅要有网络思维，还要熟悉新闻规律和舆情规律，对可能引发的舆情敏感点保持警惕，对正面宣传可能的负面效果进行研判。一些地方单位和政府，面对突发事件，没有意识到舆情的严重性，也忽视了舆情客体（家属及民众）的诉求，导致应对思路产生错误，引发网络"高级黑"。2017年8月，河北邯郸涉县一篇正面宣传稿件写道：涉县公安局城关派出所接到报警，称"有人在百度涉县贴吧、搜狐网、微信群等网络传播以'涉县新医院餐厅质差、价贵、量少，还是人民的医院吗？'为标题的帖子，对医院工作造成恶劣影响。接警后，该所立即组织民警展开调查，于8月16日查明，信息发布者叫张某，6月初在医院就诊期间，因觉得饭菜一般，于是就在网上发布了这篇帖子。通过多方调查取证，警方查实张某涉嫌虚构事实，扰乱公共秩序。目前，被依法处以行政拘留处罚"。对此网民惊呼，对食堂饭菜给"差评"也要被拘留，看来最喜欢抱怨学校食堂饭菜的大学生得学会三缄其口了，而品鉴饮食、住宿、美发的大众点评网，给影视剧打分的豆瓣平台，都得关门大吉了。在舆论的压力下，邯郸市公安局派出工作组进行调查，认定涉县公安局原处罚决定"适用法律不当"，责成撤销，对派出所所长停止执行职务，对办案民警调离执法岗位，责令派出所向当事人赔礼道歉。2011年11月，甘肃发生一起农村校车事故，9座校车乘载了60多名学生，死亡20多人，引发网民对中国校车问题的高度关注。几天后，国内多家网站转载了外交部网站上刊载的一条消息，称中国援助马其顿校车项目（价值4000多万元）交接仪式在马总理府举行。消息迅速引起网友关注，不少网友对中国外交政策提出强烈批评。在新浪微博上，网友发起一则调查："你对中国向马其顿援助校车怎么看？"共吸引近万名网民参与，投票结果显示，有90%的网友选择了"中国孩子情何以堪？反对！"。环球网对此评论称，此次援马校车事件说明，政府部门应加强针对舆论的敏感，必须对每一项工作做认真的舆论预判。2017年12月6日，《吉林日报》按惯例刊发整版核武器常识及防护知识，本是正常的国防教育，但由于没有考虑到国际国内形势和当地所处位置等因素，引发各方猜测。

## 第二节 防止处置中舆论次生灾害的注意事项

　　信息传播速度的加快也使信息传播滋生了许多新问题。随着社会组织形式和信息传播方式的变化，主流意识形态不再仅仅通过各种组织和行政力量来推行，更多地要通过大众媒体来传播。大众传媒是社会舆论的风向标、导向器，已经成为影响国家生活、群众情绪和社会舆论的重要因素。特别是互联网新媒体对突发事件的无孔不入，所产生的正负作用不可预料。但领导干部在公众面前的一言一行，关乎个人形象，更关系党和政府的公信力，不能有半点马虎。因此，提高各级领导干部的认识水平，加强各部门之间的相互配合与有机衔接，让宣传部门参与到处置突发事件的全过程，随时预警处置过程中可能发生的舆论次生灾害，应该成为公共突发事件和舆论热点处置工作的重点。

## 一、利益分配失衡

突发事件发生一段时间后，民众的关注重心就会由紧急救援转向补偿或补助问题。大多数舆情都是利益矛盾引起的纠纷或怨气，核心问题是利益分配的失衡。一旦利益分配机制不健全，群众极易对政府产生不信任，引发网络舆情。参与者最关心的往往是一些与其切身利益相关的具体问题，大部分利益受损者认为通过正当途径一直无法得到补偿，就会通过网络寻求支持或引发媒体关注。

1. 防止家庭损失登记不客观、不准确

因家庭房屋等财产损失登记可能影响到将来补助的个人利益，对此群众高度关注。因此，对财产损失评估应该有专业人员、纪检干部、志愿者、村民代表等多方参与，并张榜公示。突发事件发生后，建议基层干部不要直接实施登记，要在第三方主持下有序组织，避免群众质疑其公正性而产生负面舆情。

2. 防止基层干部在物资分配过程中不均衡

受交通、信息等条件限制，有些地方或被社会大量关注，有的地方则无人问津，造成一些地方物资严重匮乏，另一些地方又存在浪费。特别是有些基层组织还利用突发事件，争取更多资源，解决历史遗留问题，必然会受到其他群众的强烈反对，极有可能形成舆论热点，还有可能影响当地社会和谐与大局稳定。当地党委政府一定要站在全局高度，统筹考虑、按标准调度，公平公开进行物资发放。

3. 防止基层干部假公济私

临时救济或救灾物资分发是基层干部在突发事件处置中可能会遇到的问题，也是群众关注的问题。芦山强烈地震救灾物资分发中，一些群众对不同品牌的矿泉水都有争议，更何况关乎生存的其他救灾物资。突发事件发生后，乡村干部也是受灾对象，往往不可能完全中立，难免会出现机会主义倾向。如果干部在物资分配过程中为自己和亲朋好友多分多占，极易出现攻击基层干部的负面舆情。因此，要制定物资发放规定，防止个别乡村干部在分发救灾物资过程中，利用职权享乐在前，多拿多占。在具体操作中，可请志愿者组织发放，邀请纪检部门监督，按公布的规定组织发放。

## 二、政府职能"越位"或"缺位"

"不识庐山真面目，只缘身在此山中。"一些地方和部门在处置突发事件时，没有认识到只有把突发事件处置工作做好了，宣传报道才能做好，舆论才能引导好。一些政府部门，在想问题、做决策、抓工作时，不顾实际承受能力，不考虑群众感受，不研判政策出台实际，制定政策时倾向于少数人利益，忽视大多数人利益，损害广大群众利益，伤害群众感情，激化社会矛盾。还有一些部门放弃或部分放弃履行公共职能，政策制定前不征求意见，政策制定后不解释，遇到问题相互推诿，致使群众关心的问题迟迟得不到解决，极易得到网民的关注和热议。

1. 防止捐赠资金使用透明度不高、效果不好

郭美美事件后，凡是与捐赠有关的事件容易被媒体和群众误读。捐赠资金接受渠道多，既有定向使用要求，也有无使用要求的捐赠资金，资金的使用方向和使用效果历来受到社会各界高度关注，尤其是定向使用捐赠人非常关心。因此，捐赠资金使用要高度透明、定期公示，使用过程要全程监督。如果捐赠资金在使用工作中存在瑕疵，必然成为舆论炒作的焦点。

2. 防止误读党委政府有关救助或补助政策

网络新媒体出现后，对于关乎民生的政策，公众从以前被动接受，转向通过网络新媒体表达利益诉求，维护自身利益。在出台关乎民生的公共政策前，政府部门不能仅从政策推行的目的来

衡量，而应结合政策推出的时机及实施方式、政策沟通方式等多个方面来判断。只有将工作做到最前面，才能减少群众产生误读的可能性。如果在政策发布之前，相关部门能在可能存在的问题点上罗列相关的解读，并做好调研工作，拿出有利的依据，那么在舆情发生之初就能平息舆论，及时疏导民意。

3. 防止处置策略本末倒置

公共突发事件大多都关切人的最基本生存需求，人们对突发事件传播中客观性、事实性等公益性的要求更加迫切。党委政府代表大多数人的利益，不能将个人的政绩、政治前途等因素放在公众利益之前来考虑，不能从官本位的角度决定说什么、怎么说①。2016年3月阆中人民法院对8名讨薪农民工进行游街、公判，立即导致了舆情大规模反弹，网民和媒体都转而支持讨薪农民工，批评当地"缺乏法制观念，宣扬司法霸权，对弱势群体公然侮辱"。

## 三、防止基层干部不作为、乱作为

突发事件处置往往抢险救援时间长、任务重，工作千头万绪，矛盾复杂多样多变，要求基层干部在工作中有超强的韧劲和耐力。如果在突发事件过程中，基层干部缺乏对工作的激情，缺少对群众的感情，对群众的困难和问题漠不关心或者解决不及时、不到位，工作方式简单粗暴，可能会成为媒体炒作的对象。就像《人民的名义》中的人物形象"丁义珍"一样，在政期间不作为，没有将为人民服务作为自己工作的本职所在，就会遭到人民群众的摒弃和法律的制裁。

1. 防止对各类补助标准信口开河、随意承诺

在对群众生活补助、补偿等政策标准未出台之前，各级干部

---

① 叶皓著：《突发事件的舆论引导》，南京：江苏人民出版社，2009年。

要特别注意不能随意对补助、补偿标准进行承诺；政策出台后，各级干部要严格按照标准进行解释和宣传。"政策只是几张纸，老百姓的问题千百万"，必须坚持所有政策一把尺子量到底，特别要防止出现群众之间的攀比，否则可能引起群众极大的情绪波动，造成社会关注热点。各级领导干部要谨慎答复基层干部群众提出的过高诉求，如果出现根本做不到的表态行为，领导干部可能会成为攻击和炒作对象，甚至影响政府公信力。在突发事件处置中，有的地方政府往往迅速承诺给予当事人一笔补偿，换得一时的平安，"以人民币解决人民内部矛盾"。但补偿是主观行为，数额大小由政府决定。赔偿要有客观事实依据，依法主张或施与。赔偿方基于过错，承担侵权或违约给当事人造成的损失，履行法定义务。而补偿方通常不存在法律过失，仅因为合法行为给当事人造成利益损害，从公平原则出发给予补偿，表示某种诚意。如果把事发后的补偿当作舆情处置的"压舱石"，对当事人的确能起到安抚作用，但也会留下后遗症。如是非不分明，各方责任没有划分清楚就先补偿，有时当事人就会狮子大张口，给基层民众以"闹得越大、好处越多"的预期。有时政府补偿不到位，特别是用补偿取代行政和法律的处置，大事化小，则会让老百姓心存怨怼。其实，补偿额与法定赔偿差距不大，只是补偿主体、金额确定方式和资金来源有瑕疵。这样的补偿，损耗的是法治的权威和政府的公信力。

2. 防止处置突发事件中的不当言行

经过突发事件后的群众心理更加敏感和焦虑，地方干部平时的一些粗暴语言也可能引起矛盾，引发舆论关注。有的基层公务人员面对群众责难，为逞一时之口舌，而置群众基本利益于不顾，引发干群关系紧张。在一些突发事件中，民众对某些公职人员不当言行的"吐槽"原本不具备对抗含义，需要有关部门秉公处置，果断"切割"，依法依规处分个别人的不当作为。应特别警惕公职人员当事方把民众合理的诉求妖魔化，打入对立面，让公权力为一己利益而背书。当一个突发舆情未得到官方足够重视和有效处置时，往往会在网络中衍生出由这个热点展开的各种舆情传染效应。青岛天价虾事件，也是如此，就因为当地物价部门一句"现在休息，等上班了再说"使得舆情不断发酵。舆情发生后，由于处置不及时，不仅事后青岛相关部门吞下了舆情处置失败的苦果，而且还衍生出各种与此相关的传染效应。

3. 防止基层干部缺乏危机意识和敏锐性

大灾大难一直是被谋求不同自身利益的人看作攻击党委政府的绝好机会。无数事实证明，在突发事件抢险救援过程中，始终伴随着一些人借机生事和策划制造事端。这要求基层干部要有敏锐性和判断力，出现涉及灾区民生的问题要快速反应、及时处置，不能让事情拖大，尤其是要避免出现群体性事件，成为随时可能影响灾后重建工作的舆论隐患。特别要防止少数个体利益得不到现实和舆论支持，在某些人的鼓动下，就会通过反社会的方式引起社会惊恐。还有些基层地方部门缺乏应有的舆情应对意识，迟迟不回应或回应不当，就会掉进别人设计的舆论场。如凉山彝族自治州"最悲伤作文"风波淡去之际，当地政府迅速拆除"爱心小学"，要求支教老师"持证"上岗等，致使舆情再度激化。在北京颐和酒店女生遇袭和红黄蓝幼儿园虐童事件发生后，早期舆论焦点都集中在涉事企业，当地政府部门一介入就立即陷入舆论漩涡。其主要原因在于当地政府急于引导舆论，匆忙发布调查结论，一些地方不能自圆其说，因此迅速遭到网上质疑。面对强大的网络舆论，当地政府应站在第三方监管方的立场，表态依法调查，依法处罚涉事企业。调查结果出来后，先进行舆情评估，并交第三方权威认定，或提请上级部门认定后才对外发布，争取一锤定音的效果。

4. 防止基层干部懈怠不作为

一些基层干部在处置突发事件时，不敢担当，得过且过，避重就轻，玩忽职守不作为；一些现场处置人员抱着多一事不如少一事的心态，大事化小、小事化了，能不干的尽量不干；还有的遇到矛盾和问题就躲避，相互踢皮球，推诿扯皮，让群众来回折腾，处处难受等。这些现象在基层不同程度发生，进而引发舆情，不仅影响党群、干群关系，而且严重影响突发事件的处置，甚至使国家、集体和群众利益受到严重损失。

## 第三节　突发公共事件处置中需要增强的三种意识

在互联网时代，重大舆论事件出现后，靠"捂"和"拖"来处理已经脱离实际。但突发事件的公开也是一门学问，不能毫无章法地"乱公开"，必须立足于防止事态扩散，进行艺术性处理。实践证明，各级各部门需要进一步增强互联网意识、风险意识、媒体意识，勇于承担引导责任，加强实体处置和舆论引导的统筹协调，做到动作快速反应、声音快速发出、舆论巧妙引导，用专业的引导方式掌握舆论导向，突发事件处置会更加顺利，舆论引导会更加有效。

### 一、强化公关意识

一直以来，我国政府公共关系发展滞后，公职人员公关能力欠缺。我国政府部门中没有一个专门机构负责公共关系，部分部门没有好好利用各种方式和公众沟通，往往得不到公众信任。特别是许多公职人员长期"5+2""白加黑"工作，还得不到群众理解。在传播技术高度发达的今天，新媒体的发展极大地刺激了民众对知情权的要求，传统突发事件信息传播模式受到挑战，以前那种遇到突发事件就封锁消息的做法或者敷衍塞责的做法将会使政府部门陷入更大的被动局面。

1. 切实转变突发事件重处置轻引导的观念

一直以来，由于传统思维的长期影响，各级党委政府鼓励埋头做事、不愿开口说话，没有把应对突发事件舆论作为自己工作中不可缺少的重要环节，不愿意主动进行突发事件舆论引导。突发事件发生后，政府工作人员往往埋头开展处置工作，不主动与媒体和公众沟通，更谈不上主动引导舆论，结果往往在事件信息披露后引起轩然大波。网络时代倒逼各级党委政府和领导干部要从提高执政能力建设的高度，正确认识突发事件舆论引导的重要性和必要性。中央党校教授王长江在《世界执政党兴衰史鉴》中提出，世界上一些大党老党失去执政地位，很大一部分原因是其长期依赖于传统的沟通手段，不思改变，而后起的反对党则能积极利用现代沟通手段争取民众的认同并获得拥护。这个论断非常值得我们借鉴思考。突发事件舆论引导的正反经验告诉我们，政府越公开、表态越及时，越有利于得到对突发事件的舆论引导，越有利于百姓的支持和理解，越有利于维护社会稳定，越有利于树立政府的良好形象。因此，参与处置的各部门要切实放下思想包袱，敢于做舆论引导领跑者，提高时度效，第一时间、第一现场发出官方的声音，占领舆论制高点。

2. 切实转变对各类媒体管控的观念

事实是第一性的，新闻是第二性的。事实在先，新闻在后。危机事件是客观存在的，媒体报道是对客观事件的一种反映。由于受传统思维影响，许多基层政府没有把媒体报道作为突发事件处置的不可缺少的重要环节，习惯用上级对下级的方式对待媒体，只能唱赞歌，不能发出不同声音。很多地方出事后，总认为宣传部没有管理好媒体，这就是典型的"补碗论"，出了事不怪打烂碗的，却怪补碗的没补好。宣传部门不是魔术师，不能让客观存在的问题在世界上消失。在事件应对过程中，宣传部应该是木偶戏后台的牵线人,指挥责任部门在前台"演出"。因此,政府各部门应该转变思维,不将媒体监督或报道作为对立面,应变被动应付为主动利用,学会利用媒体舆论监督推动事件处置;充分发挥和利用互联网的优势,作为了解搜集舆情的重要来源;利用其信息汇聚的特点,及时传达各种正面信息,主动引导舆论。对于歪曲事实、恶意攻击的,及时澄清和反击;对于"戴有色眼镜"的报道,可加强正面引导;对属于本身存在缺点和问题的,积极改进,并及时向外界说明。

3. 切实扭转政府信源的可信度

"知屋漏者在宇下,知政失者在草野。"突发事件打乱了原有的社会秩序,一些领导干部会出现恐慌和不知所措,担心发布消息引发社会恐慌和混乱,一味封锁消息甚至发布假消息,造成政府特别是基层政府公信力危机。低信任已经成为许多重大突发事件的心理土壤和情绪催化剂。公众的知情权并非政府的恩赐,应是政府的责任和义务。实践证明,突发事件发生后,如不在第一时间建立政府公共信息源,待各种小道消息传开后,再回过头来澄清事实、驳斥谣言,就要花更高的成本和代价。因此,突发事件发生后,相关部门应及时协调发布信息稳定民心,杜绝谣言;积极和媒体沟通把握平衡,引导舆论,始终让政府成为媒体最可信的信源。2016年10月,双流机场、成都火车站安装了X射线安检仪,因担忧X射线安检仪辐射对公众健康造成影响,民众不满情绪强烈,舆情态势发展迅猛。有关方面均在第一时间对外发布消息,表明态度和所采取的措施,迅速化解了舆情风险,舆论多次肯定有关部门对民意的重视。

## 二、强化风险意识

当代社会是典型的"互联网+时代",互联网对社会生活和公共事务的介入可谓事无巨细、无孔不入。突发事件发生后,政府部门和公务人员的一言一行都在无数放大镜下呈现,风险无处不在。相关处置人员需强化风险意识,谦虚谨慎、慎言慎行。

1. 要防止摆拍作假

突发事件后,要坚持"求真务实、以人为本"的原则,遵循"人之常情",在适当的时候做适当的事情,防止过度宣传、作秀行为。一些地方或部门沿袭过去的做法,总希望推出抢险正面宣传典型。但过犹不及的正面报道往往会被网友质疑得千疮百孔,引发次生舆情。要防止一些部门或记者为片面追求轰动效应,刻意添油加醋、捕风捉影,甚至无中生有、移花接木,人为虚设情景,特意摆布特殊场景供记者拍摄,请"托儿"出镜表演,吸引眼球。特别是在救灾报道中,应慎重报道"火线入党""不顾小家顾大家"等易引起争议的事件,以免让正面事件产生负面效果。有时候,这种策划的负面效果和作用,远远大于负面事件产生的消极影响。在茂县"6·24"高位山体垮塌事件中,有的部门拍抢险队伍在地板上和衣而睡的照片后,迅速遭到网民质疑。

2. 要防止举止与突发事件不相适应

随着言论在网络上的自由度越来越高,公职人员的言行举止不同程度地受到社会关注。近年来突发事件发生后,"打伞""戴表"等不时成为网络炒作的对象。众多网民围观、热议、"人肉搜索"这一网络现象让广大干部备感压力,普遍怀有强烈畏惧、畏难心理,不愿出头,不敢说话。"开会发言不抽名烟、出席会议不戴名表、基层视察不打雨伞、灾难发生不露笑容、突发事件不当新闻发言人",这是广为流传的一个"官场段子",每个段子背后都有一个公共事件的影子,形象地展示了网络给干部带来的压力和转变。与此相对的是,另有一部分干部对网络"麻木迟钝",抱着"无所谓"的态度,没有给予足够的重视。公职人员在履行公务场合,则要受到诸多限制,许多国家对公职人员的穿戴还从制度层面进行监督。"取法乎中仅得其上。"公职人员时刻代表党委政府的形象,在穿着打扮、举止言行方面,应该尽量符合特定场合的要求。尤其在处置突发事件时,政府部门和公务人员的一言一行都在聚光灯下,从衣着穿戴、表情动作到规范用语都要注意与突发事件的处置相适应。在与群众沟通时,慎用"不明真相群众""别有用心的人""一小撮"等形容词,不得随意给群众扣上"刁民""恶势力"等帽子。

3. 防范处置过程中的风险

一些基层部门工作人员,由于知识和经验的缺失,在处置突发事件中考虑不周全,极易引发网络质疑。特别是在一些案件处置中,基层司法工作人员对法律知识理解存在差异,还有可能导致适用法律偏差。因此,处置部门在面临突发事件时,要进行风险分析,要进行科学性、合理性、合法性评估,要经得住媒体和群众的质疑。尤其是在处置非法上访人员等需与人接触的突发事件时,要考虑处置对象的身体状况,有无风险性疾病等。

## 三、强化形象意识

在群众眼里,任何一名党员干部都是组织的化身、政府的代言,一言一行都是政府公信力最直接、最有形的体现。政府及公务人员在处置突发事件过程中,要随时把维护党委政府形象放在首位,时刻注意自己的言行举止,摒弃官僚主义作风,不断提高沟通能力、协调能力,办实事取信于民,提高党委政府的声誉。

1. 要解决本领缺陷问题

"穷则变、变则通、通则久",当前一些干部对新闻敏感度不够高,新闻专业语言运用不到位,传播沟通技巧不熟练,引导方式欠缺,报道官腔、官气重,居高临下,以灌溉代替引导。不少干部完全落后于网络时代,对很多东西一脸茫然。比如目前最热的微博、微信、社交网站,很多干部要么不懂,要么一知半解,认为网络舆论引导就是删帖。很多干部的认识停留在传统媒体时代,以为网络可以随意控制,动不动就要求堵、拖、删。另一方面,一些部门和干部热衷学习应对技巧,以此来掩盖事实,甚至捏造事实、转移视线。路径方向错了,结果会输得很惨。好的舆论引导不是玩弄技巧,而是通过艺术的沟通方式引导构建信任。良好的舆论引导,要以畅通的信息交流,以有说服力的事实披露,在政府、公众、媒体三者间达成互信。

2. 要解决官话套话问题

官话套话一直被媒体和公众诟病。相关部门对外发布的各类信息要与受众接受心理和新闻规律对接。要认真研究突发事件引导规律,不但要及时发布信息,而且要注重发布效果。要研究舆论引导信息发布技巧,用平等的态度、平和的语言,用老百姓听得懂的语言表达官方的意见,用人性化的东西打动群众的内心,抢占第一影响力。文字表述要力求生动活泼,善于变公文稿件为新闻稿、变官方语言为新闻语言。党的十八大以来,习总书记以上率下,讲话语言朴实,和蔼可亲,态度诚恳,如唠家常,娓娓道来,说着自己的话,无官腔、无套话、无百姓听不懂的话,凸显亲民、爱民、信民情怀,一股清新之风扑面而来。各级党委政府更应避免空话套话,善于将枯燥、抽象的政治语言、专业用语,转换为生动形象、通俗易懂的大众化语言,形式要醒目,内容要易读。

3. 要解决沟通能力不强的问题

长期以来,某些政府部门高高在上,在矛盾积累阶段,不愿意主动和媒体沟通。个别领导干部还对媒体存有一种惧怕心理,突发事件发生后不愿意面对媒体,连正常采访都不愿意配合,总认为自己能解决,自己能控制,应该让媒体了解的信息不能直截了当地让媒体获知。最后往往造成媒体的错误理解,导致舆论形势失控。新媒体时代的政府部门,需要加强与社会公众之间的沟通,通过公共关系方法缓解、消除摩擦和对立,化解矛盾和冲突，理顺各种关系。要灵活运用法律法规赋予的职责，用足政策，广开言路，争取社会各界的理解和支持。

## 第四节　突发事件舆论引导的应对技巧

一般来说，较好的突发事件舆论引导是真诚地应对。但真诚之外更需要一定的引导技巧。领导干部在突发事件中平息事端、解疑释惑、公开信息，需要一种智慧，更是一种治理能力的体现，需要一定的方法和技巧。正反两方面的突发事件舆论引导经验告诉我们，在突发事件中能否以高超的政治艺术有效调控各种大众传媒，引导社会舆论，用主流意识形态来整合日益多样化的思想观念以及多样化的社会，凝聚救援力量，对于提高党的执政能力、巩固党的执政地位至关重要。

### 一、第一时间发布权威信息，才能占领舆论制高点

及时性是突发事件舆论引导的第一原则。信息发布的及时性和真实性是突发事件舆论引导的核心。突发事件是社会关注的热点、媒体报道的焦点，保密工作难于上青天。随着信息来源和传播渠道日益多样、快速、便捷，传统封闭社会中政府主导的"我说你听"单向信息传播模式不再有效，政府不再是人们获取信息的唯一来源和主要来源。突发性公共危机事件发生的初期，往往又是信息匮乏和信息爆炸并存的时期，一方面来自权威渠道的信息十分缺乏，另一方面民间议论风起，流言四起。"逆水行舟，不进则退，慢进则退。"在这种情况下，谁"先声夺人"，谁就会拥有"先入为主"的话语优势，谁就会赢得舆论引导的主动权。因此，面对突发事件发生后社会各方的严重关切和诸多质疑，相关部门要改变"外电不攻击不说、网媒不炒作不说、公众不质疑

不说、上级不要求不说""先做后说、多做少说、光做不说",坐等谣言泛滥才进行被动应对的传统习惯性思维,增强舆论引导的主动性,掌握主动权,打好主动仗,在第一时间主动发布权威信息。抢占第一时间就是第一时间发布信息,第一时间分析评论,使受众形成第一概念,从而影响舆论走势,最大限度地压缩谣言生存的空间,牢牢把握舆论引导的主导权和话语权。在信息发布中,要积极协调主流媒体并肩作战,成为主流媒体的直接引语,特别不要被采访报道推到危急时刻。2007年厦门PX事件后,有关部门成功运用新媒体手段不间断传递政府声音,引导群众了解真相,及时化解了危机事件。

## 二、坚持公开透明处置,才能掌握舆论引导主动权

"好事不出门,坏事传千里。"谣言总是与突发事件相伴而生。在新媒体迅猛发展的现代开放社会,"真理还在穿鞋,谣言已经跑遍半个世界"。在"天津滨海新区爆炸事故"中,政府对于事件发生情况三缄其口,不仅不利于解决事件的关键性问题,反而会引发人民群众的不满。通常情况下,突发事件发生后,由于公众的高度关注,各种猜测和谣言都会出现。谣言止于公开,信息透明是谣言最强的克星,也是提高舆论引导能力的关键。公开透明不仅有利于政府公信力的提升,还有利于群众理解、支持和事件的妥善处理。突发事件的公布要随着事件处置的进程逐步公布,不能在事件全部处置完毕或查清楚后再统一公布,否则只能造成处置被动。大道不行小道行,不公开、不透明就会被人钻空子,就会将舆论阵地拱手相让,将处置工作陷入非常被动的局面。如果权威部门不及时通报信息,主渠道信息缺失,其他非主流信息就会自动补充进来,形成强大的信息流,各种信息就会鱼

龙混杂在一起，造成公众更大的恐慌和社会不稳定①。天津滨海新区爆炸事故后，相关部门阻止信息传播，党委政府负责同志一直没有公开表达政府的态度和立场，官方信息完全滞后于民间和国际信息，导致政府处于被动地位，引发次生舆论危机，严重损害了政府形象和公信力。因此，要充分利用一切有效的渠道，发布准确的权威信息，让公众了解事件真相、政府已采取的措施、现在的处理情况。如特殊原因影响调查进度，应及时通过媒体向公众做出解释说明，赢得公众理解。

## 三、善用"第三方"声音，才能避免谣言滋生蔓延

当危机突发时，"第三方"由于其"非利益相关者"的角色定位，容易赢得受众的信任和理解。权威部门和知名人士的意见能增强可信度和说服力，对社会公众和媒体报道产生重要影响。特别是专家和舆论领袖人物的意见往往更具有影响力，对公众能够起到特殊的引导作用。因此，在突发事件舆论引导中，积极协调处置部门领导和专家学者尽快表态，澄清事实真相，正向引导舆论，是防范舆论次生灾害的必要措施。媒体作为整合政府视角与公众视角的"第三方"，既能从政府的角度出发，止住流言，争取舆论控制高点，又可从公众的角度出发，传播及时、真实、客观的资讯，满足公众的知情权，巧妙平衡政府目标与公众诉求，在此基础上取得最优的社会效益。在新媒体时代，特别要善于利用网络"大V"发声，在网上发帖、跟帖，在网上披露事实真相，引导舆论。政府相关部门也应建立各类突发事件处置的专家库和相对固定的专家组，邀请传播、公关、心理、社会等学科领域的学者，作为突发事件舆论引导的重要力量。突发事件后，

---

① 全国干部培训教材编审指导委员会组织编写：《公共事件媒体运用和舆论应对》，北京：人民出版社，2011年。

有针对性地组织相关专家向公众说明情况，分析原因，讲清道理，澄清事实，驳斥谣言，能更好地引导公众在突发事情面前进行理性思考和判断。例如在 2003 年"非典"事件中，"钟南山"就成了家喻户晓的人物。人们见到这个名字便会感觉到一种科学的力量、一种胜利的希望，这就是专家和舆论领袖人物在公共危机事件传播中的人格魅力。

### 四、主动对外坦诚真实内容，在道义上就会立于不败之地

真实是信息的生命。突发事件发生后，社会各界最关心的是到底发生了什么、为何发生、谁该为此担责。突发事件信息发布必须坚持事实为上，一次失实，可能得用十次真话来消弭，这便是"狼来了效应"。突发事件发生后，往往造成人员伤亡、经济损失、环境破坏和负面社会影响，当事人及其家属容易产生紧张、恐慌、焦虑情绪，媒体和社会公众可能会提出一系列质疑和批评。俗话说："态度决定一切。"态度影响行为，在突发事件发生后的沟通问题上，有时候事件是负面的，但是只要态度是坦诚的，行动是迅速的，内容是真实的，对人民群众是负责的，就能够有效地"止谎止慌"，安定人心，防止事态进一步扩大，为突发事件的处置创造必要的环境。人民可以接受政府犯错误，但不接受政府欺骗人民。因此，相关处置部门如善于运用"屈尊策略"，以诚实坦率的态度，勇于袒露问题，实事求是地进行解释、说明和引导，在道义上就会立于不败之地。对公众和媒体弄虚作假、撒谎唬人，只会弄巧成拙。只要相关部门以积极主动的态度面对公众，即使需要对事件的发生承担责任，也会因积极主动的姿态缓解公众问责的压力，为事件处置赢得转机和时机。2012年 6 月 10 日，四川省舆情中心发现网上出现"内遂高速公路内江段部分路面破损"的问题，立即向省交通厅进行了通报。省交

通厅十分重视，迅速组织专业力量开展调查，形成了论据十分充分的调查意见。根据交通厅专家的调查意见，有关部门组织《四川日报》记者以新闻媒体的视角撰写了解疑释惑的新闻，协调《华西都市报》、四川新闻网主动将情况向社会公布。建设方也研究了彻底整治的实施方案，主动向社会说明原因并道歉，并暂停内遂高速公路内江段的收费。整个舆论引导过程中，由于热点提前得到释放，外界媒体也没有进行采访报道，网站相关帖文也没有扩散形成舆情。

## 五、注重人文关怀，才能赢得媒体支持

得道多助，失道寡助。突发事件舆论引导的过程是一个进行有效沟通的过程，也是一个关心受灾或困难群众的过程。舆论引导是在做"人的工作"，关键要做"人的思想工作"。是人，就有感情，就需要感情，或者说就会出现"情绪化"和"感性用事"。只有"动之以情"，才能更好地"晓之以理"。这就要求处置部门在舆论引导中，设身处地为群众着想，把以人为本的人文关怀融入突发事件处置中，融入舆论引导中。特别要注重对突发事件中的弱势方和受损者进行人性关怀，切实将维护弱势方和受损者利益摆在首位。深圳滑坡事件舆论引导中，宣传部门协调党政领导第一时间通过媒体向公众道歉，看望遇难者家属，迅速赢得了网上网下的理解和支持。因此，要有效安抚公众情绪，回应社会质疑，就必须换位思考，将心比心，站在媒体和受害者家属等受众的角度，"好事说好、坏事好好说"。在对外传播中，要善学善用"新闻语言"和"百姓语言"，减少和杜绝让公众反感的"灾难八股文"。在新闻报道内容上，既要关注各级领导的动态，更要关注事态发展和抢险救援进展的情况，积极回应社会关注的热点和痛点。在用语上，多讲带人情味、接地气的"人话"，动之以情、晓之以理，以情感人、以理服人，少讲"高度重视""第一时间"

"亲自过问""作出批示""现场指挥""认真落实"等"高大上"的官话、空话、套话、"正确的废话"。2013年1月,河南连霍高速义昌大桥爆炸坍塌事故发生之后,河南地方媒体在发表的一篇千字稿中,将16位省市级领导表扬了一番,却没有出现一次伤亡人员或家属的名字。这篇文章被网民批评为"不说人话"的典型。实践证明,僵化的宣传方式不但不能产生有效的宣传效果,还会让公众反感。

### 六、保持对外一致口径,才能有效引导舆论

面对突发事件进行危机公关时,一个最基本的原则就是口径一致。突发事件发生后,应由统一的出口发布消息,保证消息的权威性和有效性,尽量"用一个声音说话",避免前后矛盾,"话出多门",甚至难以自圆其说。处置部门在面对媒体采访时,发布的各种信息必须统一口径,防止众声喧哗、鱼龙混杂,确保主调昂扬、主导有力。若七嘴八舌、说话不一甚至自相矛盾,就会成为媒体炒作的口实,导致舆论危机。特别是政治性、政策性强的内容,务必从严把握,确保准确无误。因此,应急新闻中心成立后,要强调一切宣传行动听指挥的宣传纪律,坚持一个发布渠道的要求,媒体必须统一步调、统一主题、统一报道,严禁各媒体各自为政、各行其是,为突发事件的处理营造强有力的舆论氛围。所有关于突发事件处置进展的消息,只能通过新闻中心的各种平台发出,只能通过新闻中心的一个口子进入,其他任何部门和个人未经授权和批准不得擅自对外发布信息。2017年"6·24"茂县高位山体垮塌灾害舆论引导中,有的部门擅自对外发布"火线入党"等消息和图片,与救灾氛围不相适应,引起群众反感,迅速被网上炒作。

## 七、信息发布留有余地，才能实现动态调控

突发事件往往是动态发展的，对材料的收集和整理是动态的，不能苛求马上还原事件的全貌，马上获得事件的全部真相，马上对整个事件有个客观冷静的定论。所以在信息发布、舆论引导的时候，不能把话说得太"满"、太"死"，而应留有一定的回旋余地，可进可退，保持主动。具体而言，要按照"快讲事实、重讲态度，慎说原因、慎下结论"的要求，重点围绕事件的演变情况和抢险救援的进展情况，向媒体和社会公众介绍四个"什么"——发生了什么、做了什么、正在做什么、下一步将要做什么，实事求是、就事论事，不说假话，不掩盖、不歪曲事实真相。对暂时还不掌握的情况，要耐心解释说明；对前期发布的有误信息，要诚恳致歉和及时更正；对事件原因等一时难有定论的信息，宜在权威结论出来之后再详细发布。同时，可安排专业人士、现场抢险救援人员、事件当事人、独立第三方等参与信息发布，提高信息的权威性和可信度。四川省泸县太伏事件中，第二日晚官方就发布公告称："赵某损伤符合高坠伤特征，现有证据排除他人加害死亡。"一方面，网络传言认为死者被校霸打死，另一方面，当地政府快速地对外发布公告排除他杀，同时对网络传言进行辟谣，当时却并没有充分的证据支撑，导致舆情迅速发酵并蔓延。对还在进行调查的事件，不能简单地将一切不确切的消息定为谣言，可以说这是一些不准确消息，我们将第一时间将权威消息对外公布。

## 八、细化区分报道程度，才能实现精准引导

突发事件发生后，如何控制传播程度，是一种策略，也是一门艺术。既要强化信息公开，满足群众知情权，又要防止过度报道，被人为炒作成热点。要根据事件本身性质、舆情态势和分布

区域，分析事件可能影响的公众和范围，可能引起的社会关注度，对信息发布的渠道、发布的范围、采用的方法、舆论引导的重点、着重把握的口径、社会反响的应对采取不同策略。例如在2017年10月8日明星鹿晗和关晓彤公布恋情后，网络上一度铺天盖地传言西南大学某女子因不能接受自己的偶像公开恋情而跳楼自杀，随即新浪微博西南大学官方账号做出积极应对，及时进行了官方辟谣，防止了这种网络谣言的进一步蔓延。这就是充分针对网络受众人群进行微博辟谣的一种响应策略方式。根据事件影响大小选择不同媒体及时发布消息，对内对外、对传统媒体和新媒体分别采取不同方式进行报道。指导新闻媒体从大局出发，在保证及时报道危机事件、满足民众知情需要的同时，注意多方面信息的平衡，使其他内容的稿件也能在恰当的版面和时间与受众见面，以适当舒缓民众的思想压力。考虑实现报道对象及报道观点的平衡，根据影响的重点人群，有针对性地组织相关稿件在一定区域进行推送；运用平衡报道的方式，给事件中所涉及的各方面的群众以平等运用媒体表达意见的机会，反映不同利益群体群众的意见，以帮助群众实现心理平衡和心灵慰藉，从而实现舆论的平衡和社会的稳定。如美国就协调媒体曾有意在"卡特丽娜飓风"事件中选择黄金时间播出救灾政绩，而选择在垃圾时段播出死亡人数，有效地引导救灾舆论。

## 九、建立扁平化指挥机构，才能高效有序组织舆论引导

突发事件发生后，可根据突发事件等级大小设立新闻中心，迅速组建新闻报道、新闻发布、记者采访、网络宣传、舆情监测、后勤保障等应急运转机构，围绕应急事件的新闻宣传建立各司其职、各负其责的工作小组，集中力量合署办公，形成新闻宣传的统一指挥体系，建立起各部门高效的协调运作机制。突发事件舆论引导领导组织机构不宜过于庞杂，层级不宜太多，且不宜

过分考虑成员级别问题，其设置应尽力"扁平化"，安排真正能指挥、决策、执行的同志参与其中，以利于高效实施，提高工作效能。在具体协调中，要防止出现各部门观望推诿、遇事踢皮球的消极现象。在实际工作中，负责指挥协调的同志要尽可能现场坐镇指挥，以便快捷处置各种问题，统筹协调各类事宜，确保各项应急工作运行顺畅。在工作方式方面，防止"会"来"会"去，讨论来讨论去，以会议落实会议，以文件落实文件，浪费具体处置工作的时间，耽搁实质的处置时机。

# 第四章　突发事件舆论引导的媒介素养

随着新媒体兴起和社会舆论多元化发展，政府的执政环境发生深刻变化。决策透明度的增加，公民民主参与意识的增强，又加大了政府的舆论压力。随着民主参与度、信息公开度越来越高，一切都被置于摄像头和放大镜下，许多干部不能适应新的形势，不同程度地存在"网络恐惧"心理。特别是遇到突发事件时，许多基层公务人员由于与媒体沟通缺失章法，媒体应对能力不足，不同程度地影响党委政府的公信力。近年来屡屡出现的"雷人官话"现象，折射出部分官员媒介素养缺失、执政理念失范。"雷人官话"被媒体广为传播后，更是让一些干部产生了"媒体恐惧症"，生怕祸从口出，或"三缄其口"，或"退避三舍"。这与其说是谨慎，不如说是不自信。这种不自信，从根本来说，还是缺乏必要的媒介素养所致，存在"本领危机"和"知识恐慌"。如何提高同媒体特别是同新媒体打交道的能力，是对各级党委政府和各级领导干部的一个考验。因此，在新媒体时代，政府部门必须学会在互联网的"杂音"中执政，领导干部得学会在网民众目睽睽的"玻璃房"里工作，适应这种新形势，学会和媒体包括新媒体打交道，即尽快提升智商、情商和媒商。媒商即媒介素养，它是现代社会公民素质的一部分，更应是各级领导干部能力素养构成的重要部分。党的十八大以来，新一代领导人率先垂范，要求转作风、改文风，善于面对媒体。习近平总书记在主持十九届中共中央政治局第一次集体学习党的十九大精神时强调，领导干部要做实干家，也要做宣传家。在新媒体时代，掌握与媒体沟通的原则和方法，善于与媒体打交道，有效运用传媒力量，应该是一个领导干部的基本功。特别是突发事件舆论引导往往比较复杂，政治性、政策性都很强，无论分析研判还是舆论引导，都需要很高的政治素养和专业能力。正确面对媒体，有效引导舆论，需要掌握一些新闻采访报道的基本常识，了解媒体运作规律，提高新闻素养，如此才能有的放矢、事半功倍。

## 第一节　提高应对突发舆情的能力

随着网络的迅速发展，舆论的地域界限已经变得十分模糊，发生在任何一个地方的突发事件都会引起全国甚至世界的关注。2016年几乎每月都有全国性的网络舆情事件发生，"魏则西事件""雷洋事件"等在网上引起广泛传播和讨论，给相关部门带来了巨大压力。习近平总书记在新闻舆论工作座谈会上指出，做好党的新闻舆论工作，营造良好舆论环境，是治国理政、定国安邦的大事。利用舆论宣传真理，动员群众，传播经验，指导工作应该成为领导干部的一项基本功。关键时刻，各级党委和政府要承担起新闻和信息的及时发布者、权威递料者、自觉把关者的角色，特别是在出现负面事件时，早说比晚说好，自己说比别人说好。贯彻落实总书记重要指示精神，要求各级党政领导干部在平时工作中不断提高舆论引导能力，才能随时游刃有余地面对突发舆情，才能在应对突发事件时把辖区内一时一地的事件放在国家甚至世界大局下来衡量可能产生的影响。

## 一、增强新闻舆论引导的意识

路线方针确定后,干部是决定因素。在新的时代条件下,正确面对媒体、有效引导舆论,绝不仅仅是宣传思想部门的事,而是一个干部必须具备的基本素质,是干部执政能力、工作能力的具体体现。突发事件发生后,领导干部有无新闻舆论引导意识,将关系社会和谐稳定大局,关系人民群众切身利益。主要领导在处置事件本身的同时主动介入,支持推动新闻舆论引导工作,各部门才会通力协作,媒体才会积极配合,共同形成舆论引导合力。

1. 增强满足公众知情权的意识

知情权,又称获知权、知晓权等,是公民获取有关社会公共信息以及与本人相关的信息,保障社会生活所需的各种信息的权利。满足公众知情权,是政府及相关部门应尽的职责和义务,是处置突发事件的必要程序。《中华人民共和国政府信息公开条例》规定,只要不是涉及国家秘密的事项,都应该向公众公开。公共事件发生后,让公众及时获取事件相关信息,不仅能满足公众知情权的需要,而且有利于聚集公众的力量和智慧,共同应对面临的问题,找到解决问题的方法[1]。突发事件往往伴随着公众层面上的普遍恐慌,各种公共媒体无疑会成为公众了解事件真相的主要渠道和手段。有效的媒体引导可以增进公众对突发事实真相的了解,缓解突发事件在公众中引起的恐慌,有利于社会秩序的稳定和恢复。

2. 增强主动引导的意识

在处理突发事件、热点问题上,一些党员干部仍然习惯采用

---

[1] 全国干部培训教材编审指导委员会组织编写:《公共事件中媒体运用和舆论应对》,北京:人民出版社,2011年。

"缓报""不报"或"限报"的态度。这种做法在相对封闭的社会环境和舆论氛围里一度"有效"。但随着我国社会开放程度的加大和大众传媒介入的增强,"堵到""捂着""盖起"的做法越来越适得其反。但还有一些干部仍习惯于过去那一套,认为干部讲什么,群众就听什么;干部说什么,群众就信什么;干部不讲的,群众就不能听、不能问。他们习惯于把媒体和社会舆论完全置于自己的控制之下,达到只要自己不说,别人就不知道的目的。对群众的呼声和疾苦置若罔闻,对关系群众切身利益甚至生命安危的重大问题麻木不仁,对发生在自己身边的突发事件在万般无奈的情况下才发布信息,致使其失去民众信任,失去处置先机。信息堵塞到一定程度,就会导致一些个别问题普遍化,简单问题复杂化,地区问题全国化,甚至出现大规模群体性事件。比如贵州瓮安事件、湖北石首事件等,当地政府部门一味地消极应对舆论,迟迟不发布信息稳定人心、引导舆论,最终造成大规模群体事件,陷入更大的被动困境,教训十分深刻。这就说明,过去一些基层的执政方式、执政行为已经难以适应当前新形势新任务的要求,继续采用这些老办法,就会给突发事件的处置带来很大的困难。重大灾难和突发事件的产生和解决过程,其实是整个地区与社会的非常时期。作为责任主体,政府角色要转变。政府要由社会资源的统治者和主宰者转向社会公共事务的协调管理与服务者。政府要由被动传播变为积极应对,而不是一味拒绝和排斥媒体,应主动寻求建立一种最佳的和媒体之间良性互动的关系,成为有效的媒体管理者。因此,只有不断增强"四个意识",树立新闻宣传舆论引导工作是一项极其重要的工作的观念,树立主要负责同志是新闻宣传舆论引导工作第一责任人的观念,树立通过科学调控掌握权威信息、引导媒体报道、营造有利舆情环境的观念,树立善待、善用、善管媒体的观念,不断提高与记者打交道的能力,做到"愿说、敢说、会说",及时公布事件真相,勇于承担责任,才能在道义上立于不败之地,才能形成一个有利的事件处置舆论氛围。2015年5月2日,黑龙江绥化市庆安县火车站候车厅,涉嫌暴力袭警的徐纯合被执勤铁路民警李乐斌开枪击倒当场死亡,事件传开后,公众围绕"是否符合开枪条件""徐纯合与李乐斌的身份背景"等焦点话题展开了激烈的舆论热议。警方以权威发声、直面疑问等一系列应急预案进行处置。在公开讨论中,广大正义网民积极发声对抗"死磕"律师。最终,此案定性未受到影响,以李乐斌开枪合法收尾,受到公众认可。

3. 接受监督的意识

"防民之口,甚于防川",以数字化、网络化为代表的现代信息技术突飞猛进,带来了传播方式的巨大变革,影响和改变了舆论生成。传统媒体不再是新闻发布的唯一渠道,人民群众的参政议政意识广泛增强,知情权、表达权、话语权、监督权等要求越来越强烈。突发事件发生后,一些基层干部有两重心理:欢迎记者采访,因为可以表达政府的主张,获得公众的支持;但是,提到监督,可能就有人感觉不舒服。究其原因,还是新闻素养不够。一些地方害怕工作失误或过错被媒体曝光,甚至对记者采访设置障碍。如媒体报道受到诸多限制,媒体应有的作用无法正常发挥,媒体记者就会想方设法挖掘背后真相。媒体记者自己无法发出的稿件,会想方设法让网民通过不同网络渠道对外发布,对危机的处置也可能进入恶性循环。其实,在突发事件处置中,有一些慌乱和过错是难免的,只要真心面对公众和媒体,都会得到大家的谅解。

## 二、提高互联网新媒体思维

当前,"终端随人走、信息围人转"已经成为信息传播的新态势。我国的网民数量已经超过了欧美主要发达国家人口的总数,截至2016年6月,我国手机网民规模达6.56亿人。在

2016年4月19日举行的网络安全和信息化工作座谈会上,习近平总书记指出"网民来自老百姓,老百姓上了网,民意也就上了网。群众在哪儿,我们的领导干部就要到哪儿去"。面对互联网时代纷繁复杂的舆论传播格局,强化互联网思维,顺应融合发展新趋势,领导干部要把懂网、用网作为必修课、基本功。能否认识和把握新媒体时代的新趋势和新特征,决定着我们能否抢占信息传播制高点,决定着我们能否掌握舆论引导的主动权。

1. 把网上舆论工作作为重中之重

新的时代特征要求各级领导干部的思想意识能够与时俱进,只有注重舆论、注重网络,才能更好地顺应民意、赢得民心[①]。有人统计,当前中国80%的热点问题是从网上爆发的,几乎100%的热点问题都有网络媒体参与。随着新媒体时代的到来,民主参与度、信息公开度越来越高,一切都被置于摄像头和放大镜下,许多干部不能适应新的形势,不同程度地存在"网络恐惧"心理。说错一句话,做错一个动作,很有可能带来灾难性的后果。广大公务人员要高度重视网络,努力提高运用互联网的能力和水平,把学习互联网知识当成"必修课"。要坚持上网,正确用网,善于运用互联网了解世界、掌握信息,努力使互联网成为加强学习和推进工作的重要手段,成为推进经济社会发展的有力工具。

2. 善于运用网络推动日常工作

进入"互联网+政务"时代,政务新媒体成为有关部门提高社会治理效率的有力抓手,在基层尤其如此。社会治理模式正在从单向管理转向双向互动,从线下转向线上线下融合,从单纯的政府监管向更加注重社会协同治理转变。社会公众对新媒体的使

---

[①] 龙力莉编著:《突发公共事件中媒体运用和舆论应对案例与启示》,北京:人民出版社,2010年。

用越来越普遍，客观上要求我们广大干部及时运用网络与老百姓进行互动交流。新媒体带来了方便快捷的双向沟通方式，借助日新月异的新技术态势和速度，网络问政正迈向一个前所未有的高度和水平。全国网上信访的数量已分别超过来信、来访的数量，网上信访已经成为群众诉求的"直通车"、主渠道。群众的网上信息需求倒逼各级领导干部适应分众化、差异化传播趋势，创新理念、内容、载体、形式等，用正面声音占领网络阵地。突发事件发生后，政府部门的当务之急是善用新媒体，运用新媒体的平台来积极推进信息公开工作。信息公开工作的开展，直接影响到党委政府公信力。对重要会议、重要活动和重大政策，要专门研究、认真策划，善于运用生动事例，联系群众的切身利益和直接感受，发挥网络新媒体传播优势，形成网络宣传热点。对于一些关系群众切身利益政策的制定和实施，可以借用互联网扁平化、交互式、快捷性的优势，推进政府决策科学化、社会治理精准化、公共服务高效化，用信息化手段更好地感知社会态势、畅通沟通渠道、辅助决策施政。2014年网约车进入发展初期，成都也曾发生出租车司机集体罢工事件，还曾因执法者与网约车冲突导致群体聚集。有关部门积极向社会公开征求意见，尤其重视网络群众意见，体现了相关部门重视民意、真正听取民意的态度。2016年10月14日，成都网约车新政出台，获得一片叫好声，被赞"既给网约车这一新兴经济形式提供了较好的政策保障，又关照了传统出租车行业，是成都包容、开放精神的体现"。

3. 提高网上舆论引导工作能力

在飞速发展的互联网已经走进每一个人工作和生活的时代，每一个人都有可能成为意见表达的主体，都有可能成为各种信息传播的渠道。网络论坛、博客、播客等为普通群众接收信息、评论时事、发表意见搭建了更为方便、快捷、直接的平台。网络舆论空间的话题虽然五花八门，但是往往会集中聚焦在社会热点、社会阴暗面和一些突发事件的负面效应上，而且言论往往一边倒。由于它方便快捷、覆盖面广，又不讲话语规则，致使负面消息、负面舆论往往在第一时间造成广泛影响。与此同时，网络等新媒体往往受到境外势力、商业炒作、民粹主义、情绪化等因素的影响，使网络民意不是一定等于真实民意。因此，面对突发事件，政府部门要主动适应互联网的规律和特点，把"封、堵、压"变为"疏导、沟通、因势利导"。政府相关部门通过传统新闻媒体仅仅发布信息还不够，还必须迅速了解和把握互联网上各种信息的动向和焦点，加强对互联网舆论的监管和引导，迅速回应公众的问题和疑虑。在工作中要高度重视社会热点和新媒体热点问题，及时掌握涉及自己工作的舆情动态，组织网络评论员队伍，善于通过论坛跟帖、网络发言、微博微信等，用网民的语言进行耐心细致的引导工作，解疑释惑，引导舆论。加强舆情收集，针对舆论热点，及时发现问题，把群众关注的热点引导到位，主动解疑释惑、活血化瘀、疏导情绪、平衡心理。例如2014年4月11日上午，有媒体报道兰州自来水苯含量严重超标，引发兰州市当地自来水危机。兰州市政府积极应对危机，每两个小时通过电视、广播、手机、微博、微信等方式，向广大市民和全社会发布水污染事故应急处置的进展情况，并通过多种手段实现信息发布与市民的无缝对接，最大限度地满足当地市民对一手信息的需求，避免恐慌情绪蔓延，在事件发生4天内连续召开三次新闻发布会，通过微博、短信平台向全市发布公告、微博信息80余条，有效引导舆论的发展。2016年5月初，"资阳万达广场建在昔日多氯联苯毒地上"的信息引起民众恐慌，当地迅速回应、公开信息，迅速启动第三方环境监测并主动回避，避免"选手当裁判"的质疑，整个采样过程均邀请市民和媒体参与监督，坦诚的态度在较短时间内平息了公众怒火。

### 三、增强议题设置的意识

突发事件发生后,经过紧张的救援阶段之后,事件处置本身就进入安置恢复阶段,媒体报道也处于短暂的信息空档期。媒体记者没有信息来源,就会自己到四处挖掘信息。处置部门要善于设置议题,积极主动向媒体提供信息,调动媒体的兴奋点,有效引导和影响境内外媒体报道。通过议题设置,将党委政府的政策和工作与社会关注点结合起来,形成网络宣传热点和讨论话题,引导舆论朝着有利于突发事件解决的方向发展。

1. 形成正面宣传信息流

突发事件发生后,社会公众对事件发生的起因、过程、危害等十分关心,同时对调查过程、善后工作以及处理结果也密切关注。如果主流新闻媒体没有进行及时、主动的议题设置,公众会将消极、负面的舆论自发地设置为议题,进行议论和交流,形成各种不同的意见、观点,汇成各种舆论,并且会四下传播蔓延。巧妙的议题设置,能牵住舆论走向的"牛鼻子"。舆论引导相对有效的办法就是,根据事态发展设置舆论引导的重点、方式和步骤,组织全方位的宣传引导,凸显主流声音,挤压负面信息传播空间。因此,要做好突发公共事件核心议题、次要议题的分级引导,根据各个阶段舆论发展动态,针对已经出现和可能出现的热点议题,提高舆论应对的针对性和实效性。指导新闻媒体精心选择和突出报道突发事件中那些含有积极思想意义和舆论引导价值的事实或问题,使之成为公众议论的焦点,并促使其形成媒体所预期的舆论效果。特别是处置部门要积极主动地对已经发生的突发事件设置恰当的议题,并且及时地因势利导,以争取实现舆论引导的预期效果。2008年,"5·12"汶川特大地震后,本着对党对人民高度负责的精神,四川省委宣传部牢牢把握正确舆论导向,坚持团结稳定鼓劲、正面宣传为主,设置了唐家山堰塞湖和都汶路抢通大会战、灾后重建等公共话题，宣传组通过新闻发布会、对外通稿、即时信息发布等多种方式不间断对外发布救援过程的各种信息，有效设置了新闻议程和公众讨论话题，成功地掌握了舆论引导的主动权，在全社会形成了抗震救灾、众志成城的良好舆论氛围。

2. 用权威信息驳斥谣言

历次突发事件舆论引导实践证明，重大突发事件往往容易出现谣言、传言。普通群众基于自身安全考虑，对其持"宁肯信其有"的态度，是谣言易于传播的首要因素。因此，处置部门应及时核查谣言真相，有针对性地采取措施公之于众，并不断发布调查处置进展，挤压谣言生存的空间。2017年，九寨沟地震发生后，当地通信条件被破坏，相关情况难以核实。为防止有人制造并散播不实信息、网络谣言，相关部门立即强化网络值班力量，加强舆情监测，做到第一时间发现、第一时间研判，积极联动阿坝藏族羌族自治州、九寨沟县有关部门加强信息核实。针对"网上传播'大楼倾斜'图片""有人冒充官方散播余震消息""看地震云可预测地震"以及不法分子编造地震灾情实施短信诈骗等，组织《人民日报》及《川报观察》《四川观察》等媒体及时求证并率先推出报道《辟谣：九寨沟县地震部分谣言网上流传 请大家不信谣不传谣》《九寨沟地震中两起谣言的造谣者已被查处》，及时准确发布权威信息，澄清不实信息，受到大量网民转发和留言肯定，并被各大网络平台转载。协调新华每日电讯推出《"看地震云可预测地震"？当心那些蹭地震的谣言》，呼吁广大网民多留意官方消息来源，不轻信小道消息，"不信谣""不传谣"。组织网评员撰写《地震后的九寨，何以能够秩序井然？》《守望九寨沟，我们需要理性救灾》等文章，广泛转发《从前，世界通过九寨沟认识美丽景色；今天，世界通过九寨沟认识美丽的中国人》等帖文，营造了良好的网络氛围。

3. 加强科学知识信息服务

许多事件的产生是由于公众缺乏相关知识被误导，如抢盐风波、大连 PX 事件、什邡钼铜事件、彭州石化项目等，要靠科学知识才能化解公众忧虑。突发事件发生后，处置部门应及时发布气象、交通、航班等服务信息，公布地质灾害隐患点位；邀请专家积极介绍遭遇突发事件后的自救互救措施和相关注意事项；指导媒体开设社会各界关注内容方面的栏目，有针对性地回答人们关心的问题。2016 年 7 月 19 至 20 日，北京遭遇了入汛以后的最强一轮降雨过程，超过四年前的"7·21"暴雨，影响范围之广、社会关注度之高也堪比"7·21"暴雨，但借助北京政务新媒体矩阵，此次暴雨不再是信息灾难。北京政务官微的矩阵式传播手法更加娴熟，尤其是利用移动平台和新旧媒体平台，发布实时路况和交通信息，不断更新积水断路位置，倡议机关单位错峰上下班等提示，都非常实用有效。

## 第二节　提高应对媒体采访的能力

长期以来，一些地方和部门将主要精力放在处理上下级关系上，不习惯处理与社会公众的关系，更不会主动加强与媒体的沟通。在全球化的今天，良好的舆论环境对一个国家和地区经济社会环境发展产生的正向推动力越来越大。随着社会的发展和人民民主意识的提升，媒体舆论的社会影响力也必然会进一步扩大，形成一种公共力量推动公共事务运行。因此，在社会公共事务管理中，各种媒介的重要性日益突出，特别是新媒体越来越成为影响国家政治、经济、社会、安全等各方面的重要力量，是政府部门处置突发事件不可缺少的工具。习近平总书记强调，领导干部要增强同媒体打交道的能力，善于运用媒体宣讲政策主张、了解社情民意、发现矛盾问题、引导社会情绪、动员人民群众、推动实际工作。尤其在经济全球化的今天,新闻素养已经是执政能力的要素之一,提高应对媒体采访的能力,已经被列入各级领导干部必备技能的议事日程之中。

## 一、增强媒体意识

在互联网条件下,新媒体的作用不可小觑,传统媒体的力量也不可低估。同时,我们国家的媒体也是党委、政府和人民的喉舌,是社会信息传播的主渠道,是有效引导全社会统一思想的主阵地。发挥传统媒体和新兴媒体积极的建设作用,是关系党和政府执政能力建设的重要环节。特别是在突发事件发生后,运用主流媒体的权威发声、正确引导、有效引领,能在舆论引导中起到"压舱石"和"定海神针"的作用,有利于缓和公众对突发事件的不安全感,消减恐慌心理,重塑公众信心,推动突发事件的顺利处置。

1. 正确认识媒体

树立科学的新闻观方能正确应对媒体。正确应对媒体的前提是正确理解媒体的性质与功能。正确认识媒体,才能在应对媒体中避免出现这样那样的行为偏差。一直以来,一些部门和单位对媒体往往存在认识误区,把媒体记者视为不受欢迎的麻烦制造者。有的地方发生意外事件,记者一来,官员内心恐慌、行为失措、言语失当;有些领导干部看不起记者,看不起记者身后的媒体,不重视发生的事件,回答记者提问时漫不经心、敷衍了事;还有的部门对记者采访存在抵触心态,认为记者无事生非、小题大做,对记者的正常采访横加干预,甚至与记者动粗;一些地方、一些官员担心"祸从口出",找种种借口避免与记者接触。党政领导干部必须对新闻记者的角色有一个客观的定位,才能正确认识媒体记者的作用和职能,才能从容面对媒体记者的采访。

在我们国家，记者队伍与其他行业一样，都是社会主义事业的建设者，是巩固党的执政地位的坚定维护者，是推动经济社会发展进步的重要力量，媒体是处置突发事件不可缺少的助手和资源。各级领导干部在处理与记者的关系上，要充分认清角色的转换。记者既不是朋友也不是敌人，既不是学生也不是部下，而是挑战者与合作者。善待媒体，就要讲平等、重沟通。与新闻媒体打交道，既不能拉关系、走后门，也不能敬而远之、避而远之，更不能不理不睬、无可奉告，甚至"防抢、防盗、防记者"。要在平等的基础上信任新闻媒体，相信我们新闻队伍的主流是好的，能够恪守新闻职业道德，始终坚持新闻报道的真实性、全面性、客观性、公正性，是一支政治强、业务精、纪律严、作风正的队伍，是一支党和人民可以依赖的队伍。特别需要善于与新闻媒体交往、交流，学会宽容媒体报道难免的失实，不以偏概全、一味指责，不另眼看待、视为另类，更不要高高在上、指手画脚。

2. 认真研究媒体

学者非必为仕，而仕者必为学。在经济全球化步伐不断加快，媒体已经渗入个人工作和生活的每个角落的信息时代，各级干部必须学会在新形势下如何面对媒体、引导舆论。这是当前提高干部执政水平的一个极为重要的方面。学习和掌握必要的新闻理论知识，对提高广大基层干部同媒体打交道的能力十分重要。学习和掌握新闻理论知识和媒体运作常识，重点是学习和掌握马克思主义新闻理论的基本内容，主要包括新闻和新闻事业的定义，新闻工作的指导思想、方针原则和工作方法、新闻工作与党和人民的关系、新闻采编播流程等内容。研究媒体，要抓住重点，突出中心，结合实际，掌握重要问题对外口径发布的确定、对重大突发事件的处置、对记者不合理要求的应对、各类媒体的特点、重要稿件的审签流程，坚持学以致用，用以促学，把新闻知识学习的成果体现到提高同媒体打交道的能力上，体现到提高舆论引导能力、增强新闻舆论意识上。

3. 善于借助媒体

毋庸讳言，一些地方主要负责同志还不适应媒体传播格局的深刻变化，骨子里仍然把新闻舆论工作当成花瓶，认为它是软性的、务虚的，中看不中用，只要不添乱，就可有可无。有的同志觉得新闻传播只是一门单纯的业务性工作，交给宣传部门就了事，不过问、不关心、不重视、不支持，不懂得同媒体打交道，至于说运用新闻媒体宣讲政策主张、了解社情民意、发现矛盾问题、疏导社会情绪、动员人民群众、推动实际工作，则更是不擅长。忽视新闻舆论工作的重要作用，或者"说起来很重要，做起来不重要"，往小了说，是缺乏作为领导干部必备的媒介素养；往大了说，是对新闻舆论工作在治国理政和现代社会治理中的作用缺乏应有的了解。增强媒体意识，应该把媒体视为引导舆论的宝贵资源，而不是"麻烦"。一个现代人不可能不关注信息，特别是领导干部，每天要有一定的时间阅读信息、思考信息、发出信息，那就必须重视媒体，要利用媒体做桥梁和接力棒。在实际工作的推动中，需要通过媒体传递信息、解释政策、动员公众。在处置危机过程中，更需要利用媒体通报情况、传达政府决策，消除社会恐慌，动员凝聚民心。一个地区现况如何，发展思路怎样，面临什么难题……不仅本地群众关切、在外工作的游子关心，其他地区也会不同程度地给予关注。从这个意义上说，领导干部重视新闻舆论工作，就是重视公众知情权，就是善于凝心聚力、成风化人。运用舆论工具宣传真理、动员群众、传播经验、指导工作，是领导干部尤其是主要负责同志的必备本领。新闻媒体是各级干部开展社会治理的重要资源，特别是突发事件后，公众最信赖的通常会是新闻传媒，最希望获知的是新闻传媒所提供的相关信息，信息传播就成为突发事件处置中不可或缺的重要组成部分，而新闻媒体也自然成为一支重要的力量。要有设置议题的主导意识，学会运用媒体来推动工作，更好地凝聚社会力量，给广大干部群众提供精神支撑，为有关部门科学决策提供依据。邀请媒体记者对重要问题进行采访，通过议题设置来主动引导舆论，通过媒体的报道，营造出推动工作的舆论氛围。2009年，泸州市合江县利用时任省委书记对部分群众反映县城环境脏乱差问题做出重要批示的契机，勇于通过媒体主动曝光，在全县干部群众中营造了必须进行城乡环境综合治理的舆论氛围，一举解决了难以推进的环境综合治理问题，使县城面貌焕然一新，受到各界的充分肯定。

## 二、支持记者采访

我国国际地位和国际影响力逐渐提高，国际社会的目光越来越聚焦于中国，来华采访报道的境外记者数量越来越多。目前，已有54个国家、376家新闻机构的700多名记者在华常驻，每年还有数千名来访的各国记者。接受境内外记者采访将成为各级党委政府的重要工作之一。提高与媒体打交道的能力，善于运用媒介解决问题，已经成为党员干部的一门必修课。我们对待媒体应有一种开放的心态，学会善待媒体、善用媒体，关键要做到"应对"，而不是"应付"。面对媒体、面对记者，要以平等、平和、坦诚、自然、客观、友善的态度，真诚、自信、理性地面对一切采访。

1. 认真准备，真诚面对

媒体在构建社会主义和谐社会过程中发挥着"上情下达"和"下情上传"，营造良好舆论环境等重要作用。作为公务人员，应积极支持媒体开展工作。接受记者采访，要克服思想认识上的误区和畏难心理，敢于和记者打交道，友善合作。当接受媒体问询或采访申请时，要提前认真准备，迅速了解媒体的定位、风格，避免在回答问题时出现与媒体日常报道格格不入的言论；沟通了解媒体采访的意图、问题,避免回答问题时牛头不对马嘴;迅速熟悉本单位工作、业务等各方面情况,尽可能详细了解、核实情况予以答复或安排采访,避免面对记者提问时一问三不知。如果实在没有明确口径予以答复或不能接受采访,应及时与媒体记者沟通。面对媒体采访,必须说实话,更要会说话。说实话,就是不说空话、少说套话、忌说假话。真诚实意,以诚相待,如实对待公众的质疑,公众才能相信你的话,才不会认为你是在忽悠他们,是在作秀演戏。会说话则要掌握分寸、熟悉规律、把握语言策略。可以有选择地说,但是绝对不能说假话、说毫无原则的话、说毫无根据的话。对其中所涉及的人名和数据等关键情况,一定要反复核实,确定后再说。对拿不准的问题,一定要向上级请示、汇报。对记者的采访要有耐心,不要把自己置于媒体和记者的对立面。要容得下各种方式的提问,要尽量满足记者的各种询问。作为被采访者,公务人员的职责是回答记者问题,而非教育批评记者,绝不允许动不动就呵斥人家"别有用心",甚至反问"你是替党说话,还是替老百姓说话"。特别是在突发事件发生后,要实事求是地介绍党委政府正在处置的积极措施,全力处理事件的努力,多做自我批评,敢于承担责任。如过多强调客观原因,就会让记者感到政府在推卸责任、寻找借口,易进一步引发舆情。有些负面信息本身可能并不太引人关注,但在记者采访过程中变成"故事"的话,可能就引起关注,变成了热门话题。

2. 专人负责,喂足材料

记者的主要任务是写稿,常常在规定的时间内必须完成采访和撰稿任务。做好记者采访的保障工作,除必要的食宿外,主要是提供充分的采访材料、新闻事件和新闻人物。否则,食宿条件安排得再好,记者若完不成采访任务,也不会领情。广大基层干部应不卑不亢,把自己放在与记者平等的位置,尊重他们的职业和劳动,以诚相待,安排专人认真做好各种相关的采访协调服务,最大限度地争取记者的理解和支持。要摒弃"官本位"意识,抓住工作和生活中的适当时机,多与媒体协调沟通,多与记者交往,努力构建和谐的互动协作关系。要有服务意识,善于在主动服务中巧妙引导舆论方向,积极协调有关单位负责同志参加采访座谈会、接受记者采访、精选实地采访点位、提供相关材料。实践证明,积极做好采访记者的服务工作,主动为其提供采访线索和报道素材,是正确引导境内外记者采访活动有利于我的不二之选。如记者前来找不到采访线索,完成不了任务,就会千方百计挖信息,这样挖出来的信息大部分都是不客观、不准确的。特别是对境外记者,如果不为其采访提供方便或处置不当,或处处设防、种种限制,其结果只能使外国记者"徒增对华不信任感甚至反感"。实际上,外国记者来了中国,总是要写文章、作报道的,即便在中国不写,离开中国后仍然可以写。因此,处置部门要"投其所好",主动提供采访信息,设置议题,设计采访线路,积极提供采访便利,精心设计采访线路和点位,减少其自行"找米下锅"的动机。做好了这点就能让他客观报道事实,从而最大限度地争取支持和理解,努力使其客观友善报道。

3. 灵活应对,注重技巧

面对记者采访,有的信息可以透露,有的则不方便透露。应对媒体采访时,可学习季羡林老人家所说的:"假话全部不讲,真话不全讲。"就像前国务院新闻发言人赵启正在答记者问时总是可以非常巧妙地引用中国古典故事,"引经据典"地对待不便回答的问题,非常有说话的技巧。对于一些难以回答的问题,可以选择性回答,回答一部分事实。但一定要诚实回答问题,不做虚假的描述。在接受采访时要表现得坦率、诚实、冷静,给人以踏实感、安全感和信任感。答记者问时如果答非所问,没有多少真话,玩"假大空",甚至公然胡编乱造,就会引火烧身。这几年出现的"躲猫猫""欺实马""喝开水死"等说法,最后成为社会的笑料。客观地讲，记者的提问是在替公众提问。在记者面前，也就是说在公众面前，不能耍态度，不能发号施令，更不能胡说八道。一些媒体记者特别是市场化程度较高的媒体记者，喜欢"挖坑"让采访对象跳进去，也喜欢故意激怒采访对象。面对记者采访提出的敏感问题，就更不能做出违反法律、违反常识的事情来。如平时不注意提高媒介素养，就是一些见过"世面"的高级领导或企业家，有时也难免犯错误，情绪失控。

4. 依法管理，有序引导

中国现在是全球第二大经济体，进入国内采访的境外记者越来越多，每年仅全国"两会"就有1000多名记者到会采访，党的十九大到会采访的境外记者多达1810多名。各级领导干部平时要熟悉国际惯例和国内法律法规，及时受理中外记者的采访申请，采取符合国际惯例的、科学有效的管理方式，做到"有序开放、有效管理"。新闻记者在高强度、长时间的采访工作中，都有一定的逆反心理。行政部门越是"禁止""推托""拒绝"，记者就越会想办法去打探甚至捏造信息，而媒体的市场运作属性又使得新闻媒介必须完成一定数量的新闻任务。因此，应尽可能避免对国内外媒体的直接性拒绝，即便出现了恶性事件和丑闻，也要以"公开欢迎，海纳百川"的姿态去接受媒体的报道与检验，勿让海外媒体记者有相关部门在拒绝、推诿采访的感觉。良好的姿态首先使政府在危机公关中占得先机，至于一些涉及重要、安全领域的事件或地域，国内外均有规定，即"警察封锁的地方不允许媒体进入"，以此为理由均可谢绝任何媒体，无论在美国、欧洲还是中国，都符合国际惯例。对待境外记者，应注重规范、依法行事，督促有关人员严格遵照相关政策法规和工作流程，从事采访报道服务工作。对于未做硬性规定、弹性较大的事宜，应注意参照国际惯例，结合实际稳妥把握。外国记者由外事部门接洽，港澳地区记者由外宣部门接洽，台湾地区记者由台办负责接洽。随团来华记者由接待方或邀请方负责接洽，应邀记者由邀请方接洽。接待境外记者，可重点提供各类新闻素材和旅游、食宿、气象、交通等方面的信息服务和安保服务，住宿、膳食和交通等费用通常自行负责。严禁向记者馈赠礼品、红包等贵重物件，防止产生有偿新闻之嫌。若送礼品，需有特色、有纪念意义、小巧易带。服务过程中，一切要依法依规，尽量避免与媒体发生冲突，更不轻易公开批评、指责媒体。

### 三、推进媒体日常合作

新闻媒体传达着政府的声音，又代表着社会公众。政府是社会事务和公共事务的管理者，新闻媒体是政府的合作伙伴和助手[①]。突发事件前的合作沟通，主要是指各地各部门平时应与媒体保持良好的合作关系，建立友好互信、互利共赢的合作关系，以便遇到突发事件后能最大限度地争取媒体在舆论引导方面的理解和支持。

1. 加强内容合作

与媒介建立良好的合作关系不是一蹴而就的。党政部门的信息，是媒介日常需求的稀缺信息资源。相关部门应改变被动等媒体上门采访，主动与媒体沟通，主动向媒体提供新闻线索，主动邀请媒体合作。可加强同媒介的日常宣传合作，主动了解不同媒体的传播规律、运作方式，根据日常重要工作成效为媒体量身定制推送，根据不同媒体进行供版、供稿、供片。2016年，四川省纪委、省委宣传部密切合作，联合出台《关于加强舆论监督持之以恒落实中央八项规定精神的实施意见》，对在正风肃纪中加强新闻舆论监督做出了制度性安排，明确要求各地各部门不得以

---

[①] 任贤良著：《舆论引导艺术——领导干部如何面对媒体》，北京：新华出版社，2010年。

不正当的方式阻扰、干预新闻媒体的合法监督。省纪委、省委宣传部指导省级媒体开辟监督专栏，构建了由群众发现问题、提出问题，媒体紧盯问题、曝光问题，纪检机关抓住问题、督办问题的常态化机制，实现了舆论监督、群众监督、纪检监督的良性互动。

2. 加强活动合作

媒体是党的群众工作的重要平台，媒体的公众传播效应是党和政府倾听群众呼声、了解群众意愿的一种有效方式和渠道。利用媒体特别是互联网为代表的新兴媒体调动群众参与积极性，迅速便利、互动性强、参与范围广，又可节省大量人力物力。重大活动、重大会议实行"舆论先行"，策划邀请集体采访，及时提供新闻资源、重要采访机会，工作推动起来就会事半功倍。每年全国"两会"或省"两会"，许多代表和委员就利用媒体征集意见和建议，按部门（单位）职责分类进行处理并及时向群众回复，形成政府与群众的良性互动关系，群众的满意度和参与度不断提高。

3. 加强交流合作

一个现代开放的政府，加强与媒体的日常交流合作，是政府部门治理能力日益成熟的一个重要标志。相关部门需要安排专人负责日常宣传工作的联络，加强与媒体的沟通联系，与各级媒体建立良好的经常性的关系，把宣传部门建设成媒体的"娘家"。通过积极举办吹风会、联系会、记者节等多种形式，帮助记者了解报道动向和信息需求，及时通报情况，听取意见建议。要主动建立与媒体的交流机制，听取媒体记者的意见建议，掌握媒体记者平时普遍关心的问题，积极帮助他们解决在采访中遇到的实际困难，随时实现双方有效沟通。特别是在突发事件发生后，面对公众了解真相的迫切需求，媒体也希望与相关部门真诚合作。倘若在平时能够与媒体建立良好的交流合作关系，在危急时刻能与媒体真诚合作，媒体就会成为化解各种公共危机的重要平台。

## 第三节　提高应对舆论监督的能力

舆论监督的实质是人民群众的监督，是媒体代表公众监督政府行为的基本职责，为政府执政提供了一面现实"镜子"，让执政者清醒地认识到自身执政的得失成败。在新媒体时代，党委政府所处的舆论环境与从前相比已经具有非常大的区别，面临的舆论监督形式更加灵活多样。《中国共产党党内监督条例》明确要求，应当认真对待、自觉接受社会监督，利用互联网技术和信息化手段推动党务公开，拓宽监督渠道，虚心接受群众批评。因此，面对新形势，政府部门已经不可能再像从前那样用"一刀切"的方式来管理现在的媒体了，必须创新管理方式，正确对待舆论监督。增强应对舆论监督的能力不是应付媒体，也不是利用各种公关技巧忽悠媒体，更不是对付和摆平媒体，而是要懂得尊重媒体，尊重新闻传播规律，充分利用好媒体这一平台重塑本单位形象。

### 一、阳光行政，防患于未然

"阳光是最好的防腐剂"，及时、高效、透明的公开机制是维护政府公信力最好的良方，有利于减少媒体和公众的质疑，从容应对媒体监督，更加有利于维护国家信息安全，有利于政府树立阳光负责的良好公众形象。

1. 促进信息公开

没有神秘就没有恐惧，公开才有权威，公开才有信任，公开才有生命力。政府的活动过程不可能完全在真空中发生，大众舆论对政府的评判与监督，是防范腐败的一道防线，也是提高党委政府公信力的重要途径。很难想象在众目睽睽之下，徇私舞弊、贪污受贿现象能够发生。因此，信息公开才是应对舆论监督的利器。要坚持以公开促公正、以透明保廉洁、以公正赢信任，推动阳光执法、阳光执政，让信息公开成为公务人员的工作行为和习惯，尽最大可能全方位、多角度公开处置每一个程序，让暗箱操作没有空间，让腐败无法藏身。同时，对于媒体的舆论监督，越透明、越公开，就越能减少或避免产生消极影响，还可以及时消除各种谣传，防止以讹传讹，从而起到维护社会稳定的作用。

2. 正视媒体监督

苍蝇不叮无缝蛋。在我国，党和政府与媒体在根本利益上是一致的，与党和人民的目标是一致的。舆论监督是社会发展的要求、新闻工作的职责、人民群众的愿望、党和政府改进工作的手段。正确开展舆论监督，有利于反映人民群众的意见和呼声，密切党和政府同人民群众的联系；有利于加强党风廉政建设，维护党和政府的良好形象；有利于发展社会主义民主，健全社会主义法制；有利于弘扬正气，针砭时弊，理顺情绪，化解矛盾，维护社会稳定。媒体的监督报道，是对工作的一种检验。工作中出了一点问题，只要问心无愧，就不要害怕媒体，要勇于直面问题。媒体对我们工作中的成绩和不足，进行全面、完整、客观的报道，有利于我们正确认识自己，有利于正确决策，有利于消除误会和隐患，获得广大群众的理解、信任和支持。

3. 加强自身建设

"身正不怕影子歪。"不管是政府部门还是人民团体，只要做到公正廉洁、严于律己，坚持公平、公正、公开，坚持依法行政、依法办事，真正做到走得正、行得端，就能够严肃有力地同不良舆论、敲诈勒索做斗争，让不法分子无机可乘。打铁还要自身硬。各部门各单位也要敢于将自己的决策、措施等工作流程，曝光于公众的视野中，积极应对日益复杂的舆论环境，不断提高服务人民群众的能力。遭遇突发事件时提高反应时效,坚持早发现、早疏导、早解决,用客观、公正、权威的声音来发布相关信息,防止不良信息广泛传播,不给谣言以可乘之机。

## 二、主动出击,有效应对

媒体监督的最终目的是促成党委政府部门倾听民声、了解民情,促进党委政府部门解决问题、改进工作,积极宣传党委政府的执政主张和政策内涵,减少公众误会。主动接受媒体舆论的监督,可以有效地遏制行业不正之风的发生,使各部门在解决群众反映问题的同时,深入思考产生这些问题的根源,通过强化教育、加强制度建设、深化改革、强化源头遏制等有效措施,从根本上确保各项政策落实。

1. 有礼有节面对记者,依法依规接受监督

一段时间以来,一些行业类媒体记者以及不法人员经不住利益诱惑,屡屡出现有偿新闻、有偿"不闻",甚至严重违反媒体真实性原则和道德底线,以负面报道为要挟实施敲诈勒索的行为。遇到这样的情况,各部门应主动作为,敢于和善于与不法分子做斗争。首先要验明身份,认真查看采访记者是否持有国家新闻出版广电总局颁发的记者证,并且在中国记者网上进行实名查询。没有新闻单位印制的采访证或工作证,就不能实施单独采访。对违法采访,可以理直气壮地拒绝采访。对有采访证的,应尽量保障采访要求,绝不能违法堵截扣留。对于一些媒体记者实施的跨区域、跨行业负面舆论监督行为,在做好采访服务的同时,收集好人证、物证、视频、音频等对自身有利的相关证据,防止其以登报或上网等事由进行要挟敲诈。如发现采访过程中的违纪违法问题,及时将收集到的媒体违法违纪的证据转送给宣传部门,请相关部门按照有关规定进行处理。千万不要违规拿钱消灾,放纵和助长一些不良媒体的歪风邪气。因为某个记者和某个

## 第四章 突发事件舆论引导的媒介素养

网站收了钱自己不刊发,他可以把信息传给其他人或其他网站刊发。如果涉嫌重大的违法犯罪活动,还应及时与公安部门联系,共同打击这种违法犯罪活动。

2. 及时回应,诚恳接受批评

如果媒体记者所反映的群众困难集中到一定程度没有得到及时解决,群众也会对政府工作产生怨气;怨气积累到一定程度,就会成为高悬在社会头顶上的"情绪堰塞湖",成为社会不稳定的重要因素。媒体记者不采访报道,群众也会上网反映。监督报道发生后,相关部门应不推诿、不回避,旗帜鲜明、迅速表态,按照"有则改之无则加勉"的态度坦诚面对媒体。对于属实的要及时回应,对确实存在过错或失误的地方,要诚恳接受批评,积极争取社会各界的谅解。

3. 迅速调查,慎重事件定性

媒体的监督报道可以理解为批评性舆论,应多看客观事实,少听虚言。在调查处理过程中,不要轻易给事件定性,要调查清楚后再对外公布;速报事实,慎报原因,既不失语,又不妄语。应该把监督性报道做分类分析,要认识到负面信息并不完全是坏事,处理得当可以起到正面效果。监督报道可分为客观、部分失实、完全失实,从性质上可分为善意、无恶意、恶意。对于恶意歪曲事实、模糊舆论焦点、借机炒作等不良舆论引导行为,有关部门需要利用多种手段进行干预纠偏,以维持基本事实为原则,肃清网络毒害信息。山西黑疫苗事件后,山西省政府第一时间出来否认,其过早的定性表态,使自己进退失据,遭到媒体的强烈反弹。后经国家调查,证明报道属实,使当地陷入舆论被动。

4. 立即整改,正视民众呼声

"知达则改,闻过则喜。"在查清事实的基础上,对属于我们自身确实存在的问题,应该把有关报道视为监督,积极加以改进。对公众强烈愤慨,事实又十分清楚的,要拿出壮士断腕的勇气来处置，建立公众对政府的信心。有关部门甚至还需要回归行政管理，制定相关法制条例，封堵体制漏洞，约束行业自律。此举不仅能彰显有关部门执政为民的根本决心，更能直接消灭无中生有的负面谣言。济南非法经营疫苗系列案是各级政府积极响应，将线上线下结合，实现标本兼治的成功案例。从响应力看，政府第一时间启动应急响应，速度很快，事件当天披露；从行动力看，国家食品药品监督管理总局当天响应，最高检介入调查，李克强总理亲自主持国务院常务会议，可谓响应层级很高，处置力度很大；从修复力看，此次舆情处置标本兼顾，在批捕涉案人员及问责管理部门公职人员、加大行政执法力度的同时，迅速修订并出台《疫苗流通和预防接种管理条例》，完善了管理制度，从根源上杜绝此类事件的再次发生。

### 三、积极补救，化危为机

运用新闻媒体来引导舆论、化解矛盾、凝聚人心是各级党委和政府执政为民、倾听民声和改进工作有效、经济、便捷的途径，也是提高行政效率的重要课题。善于将舆论监督作为一种改进工作的手段，推动问题解决的方法，视危机为机遇，更体现出当政者较高的政治智慧。

1. 加强与媒体记者沟通

"兼听则明，偏听则暗。"如一听到、一看见难以认同的报道就反对驳斥，只会让舆情不断升温。其实，可以采取用事实来加强正面引导的方式，抵消其负面影响。如关于三峡工程，境外舆论争议比较多。有关部门发现在北京报道这些信息的记者，对三峡工程建设并不了解，把局部看成全局，就迅速举办新闻发布会，请三峡办、有关专家正面提供信息，给关心三峡工程的记者们做介绍。组织者还协调记者从重庆到宜昌坐船采访，看完以后一些外国记者说，他确实不知道三峡的水那么清、周围环境那

## 第四章　突发事件舆论引导的媒介素养

么好。

2. 周密策划修复方案

"塞翁失马，焉知非福。"实际工作中，各种危机本身具有二重性，风险总是与机遇并存，而且可以互相转化。当前，我国改革发展正处在一个关键阶段，既是"经济发展黄金时期"，又是"社会矛盾凸显期"，经济社会发展面临的矛盾和问题可能更复杂、更突出，各种工作不可能尽善尽美，出现一些工作问题也很正常，需要各级各部门客观冷静地对待媒体的监督。对于监督报道中反映的问题，相关部门不要急于撇清关系，要本着有则改之、无则加勉的态度，认真对待媒体反映的问题和群众的质疑。实际上，多数记者在进行舆论监督和批评报道时都会对当事方通报，特别是在发稿前，许多记者都会就报道内容的疑点征询当事方。如果当事方能抓住机会做好解释、沟通工作，积极争取媒体的理解和支持，危机是完全可能化解的。遇到问题时，处置部门要反思问题到底出在什么地方、有没有补救办法以及怎样补救。在工作取得一定成效后，主要领导要遵守新闻规律，周密策划、及时发布，继续邀请监督的媒体回访整改成效，将媒体注意力吸引到正面工作中，通过媒体重塑正面良好形象。相反，许多正面事件，没有按新闻规律处理，有时很有可能形成负面新闻，结果产生的负面效果还远远大于负面突发事件。

3. 积极做足正面宣传

在继续做好整改成效报道方面，监督报道的媒体是所有媒体中最积极、最主动的。在客观上，该媒体的整改成效报道，又是对前期批评报道的化解和覆盖，是社会效果最好、最有效的措施。舆论监督后，相关部门要正确认识、科学处理，不仅应该把它当作工作成效的一次检验，还可以以此为契机，将应对过程转化为教育和管理的资源，增强舆论监督意识，不断改进工作，提高工作成效。特别是党报党刊报道了一些工作的问题后，相关部门更应以诚恳的态度去改正。当我们的工作都改正得很好,并形成了一定的经验,再请原来曝光的媒体对同一问题的整改经验进行正面宣传报道,这样的宣传可以起到两个积极的效果:一个是可以消除原负面报道的不利影响,另一个是极大提高政府部门的公信力,重塑政府部门在公众中的形象。

## 第四节 提高新闻发布的能力

新闻发布是应对突发事件最有效的舆论引导方式。新闻发布的根本目的在于公开,满足公众的知情权和参与权,回应公众对重大问题和公共事件的关切和质疑,阻击谣言传播,维护政府公信,保持社会稳定。面对全球信息化浪潮,推进国家治理体系和治理能力现代化,必须努力提升治理媒介化时代信息管理与建设的能力。特别是在突发事件处置中,新闻发布是极其重要的环节之一。领导干部一定要有在新闻发布、媒体沟通和舆情引导方面存在短板、能力不够的紧迫感,坚持问题导向,补齐工作短板,不断提高新闻发布的能力和水平。

### 一、提高统筹组织能力

台上一分钟,台下十年功。在新闻发布中,仍然存在"凡事预则立、不预则废"的深刻道理。新闻发布会前,要积极准备、周密研判,精心确定发布主题和目的、发布形式、发布人、发布对象、发布文稿和选择发布时机、发布平台、发布地点等诸要素,努力把党委政府想说的、媒体关注的和公众关心的结合起来,让该热的热起来、该冷的冷下去、该说的说到位。

1. 要有一套班子

新闻发布是一项"多兵种""集团式"作战活动,是一项需要方方面面齐心协力、互相配合的系统工程。因此，要进行强有力的统筹，由新闻宣传部门搭台，党政领导、应急抢险部门、涉事地方或部门等相关各方一起"唱戏"。要在应急指挥部的统一部署下，建立以突发事件新闻中心为核心、多方共同参与的信息发布体系，实现各方合理分工、共享信息、统一行动、一致对外，"心往一处想、劲往一处使"，避免"各吹各的号、各唱各的调"。要重点组建一套班子，需要有人总指挥，有人制定预案，有人梳理媒体关注的敏感问题，有人准备通稿，有人到媒体中征求意见反响，齐心协力积极为新闻发言人提供帮助，主动向媒体"喂料"，为记者提供必要的采访帮助，形成舆论引导合力。发布前，要检查每个岗位工作人员的到位情况，确认灯光、音响、背景板、座位等会场布置情况。应尽量安排发布人休息室紧挨着会场，供发布人发布前理清思路、稳定情绪，也防止发布会后被记者争抢围堵。要安排专人对到会记者进行登记、签到、统计。工作人员应主动与到会记者沟通交流，了解关注的内容和要提的问题。对每家媒体到会采访记者关注点要心中有数、提前准备。

2. 要有充分的预案

新闻发布不是简单的问什么答什么，而是政府机构"以我为主"的传播行为。新闻发布总的原则是"快讲事实、慎讲原因、重讲态度、多讲措施"。新闻发布前尽量进行话题预判，以防准备不足而引起舆论炒作。多分析判断可能的提问，做到心中有数，应答从容。通常情况下，媒体会提出三个问题："为什么会发生这样的事"；"谁该对这件事负责"；"怎样才能避免此类事件的再次发生"。因为，反思、追责始终是公众关心的话题，也就自然成为媒体提问时的直接动因。所以，新闻发布前新闻发言人要做好充分的准备，做到胸有成竹，基本熟悉自己发布内容的全部情况和有关知识。"7·23"动车事故发生26小时后，铁道部才在温州召开新闻发布会，新闻发言人王勇平因并不清楚现场情况仓促上阵，在记者的问责提问下，情绪激动，说出"不管你信不信，反正我信了""这是一个奇迹"，成为公众嘲讽的对象，并成为网络热门语汇。总之，新闻发布会的功夫一定要多花在案头上，时间允许的前提下，事先要详细搜集社情民意和网上舆情，听取主要新闻媒体采访记者的要求和建议，以做到有的放矢、从容应对。背景资料准备，也是一个很重要的工作。背景资料或新闻通稿便于记者了解情况，又能作为一种议程设置，影响记者，引导舆论。背景资料要与突发事件处置相适应，切实做到真实、具体、准确，多谈客观事实，少说主观意见。

3. 要有严密的通稿

新闻发言人在记者提问前主动发布的通稿十分重要，为整个新闻发布会定下了基调。通稿的内容要实，且有充分论证。发布信息前，应与相关部门进行沟通、协商和确认，防止产生扰乱社会的虚假信息，或与其他部门矛盾的信息。不少政府部门组织和实施新闻发布时，通常习惯于将有利于政府的信息通过大众传媒发布出去，规避或淡化对政府不利的信息，急切地想引导舆论。这种做法并没有真正贯彻"信息公开"的目的，而且会收到负面效果，可能受到舆论批评。

## 二、提高有效引导能力

实践证明，处置突发公共事件，正确引导舆论是关键，舆论引导的核心是信息发布。一旦信息发布不及时或不力，各种谣言和小道消息就会满天飞，就有可能造成舆论危机，甚至引发社会危机。

1. 快速发布

在处置突发公共事件中，欲正确有效地引导结构复杂、数量庞大的媒体舆论，必须坚持唱响主旋律，必须尊重新闻规律，在"快"字上狠下功夫。突发事件发生后，不能等到最终结果出来了再发布、再报道,要边处理、边报道,在第一时间、第一现场发布新闻;发布内容上,先说客观事实,慎说具体原因;发布形式上,统一口径,专人发布。突发事件的新闻发布会,既看内容,也看效率,公开的速度要快。过去我们讲新闻发布是"24小时黄金原则",在今天的微信微博时代,则可以采取"1小时黄金原则",要第一时间通过政务微博来发布消息和表达姿态。如知名打假人士方舟子在北京石景山区遇到歹徒袭击,北京警方接到报案后,官方微博第一时间发布消息:"关于方舟子遇袭一事,警方正在开展调查,后续情况会及时通报给大家。无论是谁受到不法侵害,都应该及时报警,警方会依法及时处理,最大限度的(地)保护公民的合法权益!"微博发布后,各种猜测性信息迅速减少。

2. 准确发布

"一言之辩,重于九鼎之宝。"信息发布稍有不慎,就有可能影响事件处置,影响社会稳定。相关地方和部门第一时间发布权威信息,引导新闻媒体以权威部门发布的信息为准,及时准确、客观全面地报道事件动态和处置进程。新闻发布的表述要准确恰当,内容要务求真实,表达要规范,用词要贴切、平实,语言结构要简单明确。新闻发布的内容自相矛盾、说法前后不一致是新闻发布大忌,一旦让新闻媒体和公众产生了自相矛盾的感觉,就会迅速引发强烈的质疑。发布前,一定要与有关部门研判,绝不能自相矛盾,看发布的内容是否与基本事实有出入,是否与党委政府政策相矛盾,是否本身逻辑有漏洞。因此,广大基层干部在处置突发公共事件时,要高度重视舆论引导工作,把事件处置工作与新闻发布工作统筹安排,共同研究,周密部署,认真落实。事件处置工作与新闻发布工作结合得越好,舆论引导就越有力,处置突发公共事件就越有效。在处置突发公共事件中,对新闻媒体和社会各界所关注的信息和问题,要准确地给予提供和解释,既不能避而不谈，也不能含糊其词。在"5·12"汶川特大地震紧急救援时期，政府举行的新闻发布会几乎一天一场，有时还是一天好几场，主动发布权威、准确的抗震救灾信息，报纸、广播、电视等传统媒体和互联网、手机报等新兴媒体"八仙过海，各显神通"，在很大程度上保障了具体灾情和抗震救灾以及救灾款物使用情况的高度公开、透明，从而进一步提高了政府的威信和号召力，同时也进一步增强了社会各界的凝聚力，极大地促进了抗震救灾的深入推进，为夺取抗震救灾的阶段性重大胜利奠定了坚实的舆论基础。

3. 滚动发布

突发事件处置中，及时也是即时。因为事发突然，每个部门掌握的信息不完全，也不绝对可靠，需要不停地更新更正。突发事件的处置一般都会经历发生、处置、恢复等过程，信息发布也不会一蹴而就，需要滚动地发布信息，坦诚面对公众和媒体。新闻发布会开得越多、越快，信息越准确，谣言就会越少，就越能获得公众的信任。在事件发展的不同阶段，信息发布要根据具体情况有针对性地选择发布形式，打好"组合拳"。通常，在事件刚发生的初始阶段，因信息缺失严重，宜采取"通报不回答"的形式，单向发布所发生事件和救援的基本情况，易于掌控局面；随着信息逐渐变得清晰、丰富、准确，宜采取"既通报又回答"的形式，通过双向互动问答来回应社会各方的问题。月球车遭遇故障，相关方面不仅在第一时间发布消息，而且用社交媒体实现中外话语融通，用融合传播实现全面抵达，以人格化表达的"软实力"进行国际危机公关，不仅实现了国际传播效果上的个案突破，而且对全国危机公关具有示范式的意义。2014年1月25日上午11时，一个名为"月球车玉兔"的微博ID发布了一条微博信息："啊……我坏掉了。"截至当晚8时，这条微博已经被转发4万多次，评论近万条。在当晚10时25分，"月球车玉兔"自我转发，并补充说："这里的太阳已经落下，温度下降得真快。今天说了好多，但总觉得还不够。告诉大家个秘密，其实我不觉得特别难过。我只是在自己的探险故事里，和所有的男主角一样，也遇到了一点问题。""尽管地球上的师父们已经在熬夜想办法，但我知道，有可能熬不过这个月夜了。"晚上11时17分，"月球车玉兔"最后一条微博是："今天是我到月球后的第42个地球日。刚才有人问我，可不可以在睡着前唱首歌……这太为难我啦！不过，我还真知道有一首叫作《42》的歌，那就点给大家听吧。晚安，地球！"这种以自述口吻和日记形式行云流水般地讲述，吸引受众通篇阅读，清晰了解事件原委，同时让人对"玉兔"动心牵挂、怜惜热爱。美联社、路透社、美国CNN、英国BBC等西方主流媒体罕见地大幅转载新华社报道，不仅没有出现讽刺挖苦的声音，反而被该微博传达出的坚强所感染，大多选择人性化视角做了积极的报道。

### 三、提高现场掌控能力

突发事件发生后，往往造成人员伤亡、经济损失、环境破坏等负面的社会影响，当事人及其家属容易产生紧张、恐慌、焦虑情绪，媒体和社会公众可能会提出一系列质疑和批评。新闻发布主持人要超越现场气氛和事件本身，加强现场组织，形成自身独有的"气场"，不激怒记者，规避记者现场闹场，是现场控制必须恪守的底线。

1. 注重态度

俗话说："态度决定一切。"新闻发言人是一项制度，新闻发言人是代表一个组织，一个集体来回答，从外表形态到发言内容都超出个人范畴的意义，代表的是单位，不能随意发表个人意见，要注意口径统一。无论是个人服饰、面部表情、音量高低、语气，还是现场布置都要适应突发事件新闻发布的氛围，尽量简单大方。会场布置要干净整洁，尽量不要任何多余的物品、背景和标语。表达要准确适当，语气要亲切和蔼。要熟悉新闻发布、记者采访方面的礼仪常识，以此约束、规范自己的言行，包括自己的情绪、思维、语言和行为等各个方面。在有人员伤亡的情况下，更要有礼有节、有理有据地表现出应有的关心关切，用词要朴素贴切，营造良好的情感氛围，才能融洽与现场媒体记者的关系。天津滨海新区爆炸案的8次新闻发布会，前5次都引起民众不满，除了准备不充分，官方新闻发布的态度的欠缺，让公众对政府的不信任、不满达到顶峰。突发事件新闻发布会，在时间条件允许的情况下，应尽量安排媒体记者提问，这是处置部门面对媒体的诚恳态度，也才能增强与媒体记者的融洽关系。

2. 稳住场面

"智者求同，愚者求异。"在发布内容把握上，多讲那些能达成共识、引起共鸣的观念和意见，少说有争议、众说不一的问题。要提高突发事件信息发布的效果，有效安抚公众情绪，回应社会质疑，必须换位思考，将心比心，站在媒体和受害者家属等受众的角度，"好事说好、坏事好好说"。发布时间要简短，发布稿一般不超过2000字，时间应控制在60分钟以内，切忌把新闻发布当作开会做报告，冗长空洞、虚浮不实。在答问环节中，发布者要坚守自身立场，坦诚相对，有所取舍地回答，适度采用幽默风趣之言化解现场矛盾。切忌像讲话一样发表长篇大论，对参加的记者颐指气使、盛气凌人，让记者感到不愉快；更不能与记者现场争论，直接批评记者及其所在媒体，甚至出言不逊、恶语相向。特别是面对记者的发难，更应保持良好的表情，把握分寸，有理有据回答问题，不乱说，不说气头话。若情况属实、责任清晰，则要诚恳道歉，争取公众理解。绝不能因为问题刁钻而情绪失控，造成舆论被动。成功的新闻发布会，关键是主持人起到统领全局、掌控全局的作用。主持人应该始终掌握局面、张弛有度，掌握时间与节奏，控制发布会现场，指挥提问话筒，牢牢把握主动权。某些新闻发布会上，往往在答问环节出现记者抢话筒的现象，甚至有的记者不用话筒就问。这时候主持一定要提示记者用话筒提问。在会场布置中，要尽量安排座位，让每位与会的记者都能坐下，保持会场既热闹又有序。

3. 善用技巧

"兵来将挡，水来土掩。"发言人不应拒绝敏感问题，因为敏感问题往往是公众或国际舆论最感兴趣或困惑的问题，回答这样的问题可以有效地达到解疑释惑的效果。发言人也不要因为记者提问尖锐或不断追问而反感以致答问感情用事，胸有成竹地回答好问题才是最重要的。比如在突发事件发生后，媒体十分关注伤亡和财产损失，发言人应当以当时掌握的情况为根据，知道多少说多少，不要有意地多报或少报。在回答追责、发难的提问中，最重要的是不要在发布会上不负责任地猜测事故原因，因为对事故原因的调查往往需要较长时间，如果随意公布的原因与调查进展或结论有冲突，会导致公众的不信任，造成舆论炒作。如遇到由于种种原因不便回答的问题，可以根据实际情况采取灵活的回避的方法，避免授人以柄，让自己更有回旋余地。就算反击错误言论，也需要婉转，既驳斥对方，又不让对方难堪。许多国家领导人和外交部发言人在新闻发布会上妙语连珠、随机应变的临场应变能力值得大家研究，特别是那些回答刁钻问题的方法。例如李瑞环同志在一次访问香港时，一个记者提问："您刚才讲话中强调团结的重要性，是不是指香港人不够团结？"李瑞环回答说："如果我祝您身体健康，是不是指你身体不健康呢？"这一回答变被动为主动，反戈一击。还有一次，周恩来总理在与印度代表团谈判中印边界问题时，印方问："西藏自古是中国领土吗？"周总理回答："西藏自古是中国的领土，远的不说，至少在元代，它已经是中国的领土。"对方说："时间太短了。"周总理说："元代距离现在有 700 年的历史,如果 700 年都认为时间短的话。美国只有 100 多年的历史,是不是美国不能成为一个国家呢?这显然是荒谬的。"印方哑口无言。

# 后 记

本书在编写过程中，借鉴吸收了四川省委宣传部原常务副部长侯雄飞一些观点，得到了四川省委宣传部常务副部长房方、副部长李晓骏、四川大学文学与新闻学院吴建教授的大力指导。在编写过程中，山东省委宣传部王桂亮、广东省深圳市委宣传部王楚宏对案例分析，北大中正舆情中心、四川省网络舆情中心对舆情分析提供了大力支持，四川日报报业集团余普、西南民族大学周作明教授、西南交大研究生牛晨越、武汉大学博士生陈志鹏做了大量协调、校对工作。在此，谨对所有给予本书帮助支持的单位和同志表示衷心感谢。本书吸收与借鉴了近年来我国学者的相关研究成果，已尽量在注释中标明出处，对这些成果的著作权人，在此谨致谢忱。同时感谢四川省社会科学规划办公室对本课题研究和本书出版的资助。

苟日新，日日新。新闻舆论引导的研究本身就是一个不断更新的过程。世界每时每刻都在发生变化，突发舆论事件也层出不穷，舆论引导案例不可能穷尽，舆论引导理念在不断丰富和完善。虽已多次修改，尽力使本书臻于完善，但限于水平，仍有许多不尽如人意之处，恳请广大读者批评指正。

刘　洋  
2017 年 12 月

附件一

# 国务院办公厅关于政务公开工作中
# 进一步做好政务舆情回应的通知

国办发〔2016〕61号

各省、自治区、直辖市人民政府,国务院各部委、各直属机构:

近年来,随着互联网的迅猛发展,新型传播方式不断涌现,政府的施政环境发生深刻变化,舆情事件频发多发,加强政务公开、做好政务舆情回应日益成为政府提升治理能力的内在要求。经过多年努力,各地区各部门政务公开和舆情回应工作取得较大进展,发布、解读、回应衔接配套的政务公开工作格局基本形成。但是,与互联网对政府治理的要求相比,与人民群众的期待相比,一些地方和部门仍存在工作理念不适应、工作机制不完善、舆情回应不到位、回应效果不理想等问题。为进一步做好政务舆情回应工作,经国务院同意,现就有关事项通知如下:

一、进一步明确政务舆情回应责任。各级政府及其部门要高度重视政务舆情回应工作,切实增强舆情意识,建立健全政务舆情的监测、研判、回应机制,落实回应责任,避免反应迟缓、被动应对现象。对涉及国务院重大政策、重要决策部署的政务舆情,国务院相关部门是第一责任主体。对涉及地方的政务舆情,按照属地管理、分级负责、谁主管谁负责的原则进行回应,涉事责任部门是第一责任主体,本级政府办公厅(室)会同宣传部门做好组织协调工作;涉事责任部门实行垂直管理的,上级部门办公厅（室）会同宣传部门做好组织协调工作。对涉及多个地方的政务舆情，上级政府主管部门是舆情回应的第一责任主体，相关地方按照属地管理原则进行回应。对涉及多个部门的政务舆情，相关部门按照职责分工做好回应工作，部门之间应加强沟通协商，确保回应的信息准确一致，本级政府办公厅（室）会同宣传部门做好组织协调、督促指导工作，必要时可确定牵头部门；对特别重大的政务舆情，本级政府主要负责同志要切实负起领导责任，指导、协调、督促相关部门做好舆情回应工作。

二、把握需重点回应的政务舆情标准。各地区各部门需重点回应的政务舆情是：对政府及其部门重大政策措施存在误解误读的、涉及公众切身利益且产生较大影响的、涉及民生领域严重冲击社会道德底线的、涉及突发事件处置和自然灾害应对的、上级政府要求下级政府主动回应的政务舆情等。舆情监测过程中，如发现严重危害社会秩序和国家利益的造谣传谣行为，相关部门在及时回应的同时，应将有关情况和线索移交公安机关、网络监管部门依法依规进行查处。

三、提高政务舆情回应实效。对涉及特别重大、重大突发事件的政务舆情，要快速反应、及时发声，最迟应在 24 小时内举行新闻发布会，对其他政务舆情应在 48 小时内予以回应，并根据工作进展情况，持续发布权威信息。对监测发现的政务舆情，各地区各部门要加强研判，区别不同情况，进行分类处理，并通过发布权威信息、召开新闻发布会或吹风会、接受媒体采访等方式进行回应。回应内容应围绕舆论关注的焦点、热点和关键问题，实事求是、言之有据、有的放矢，避免自说自话，力求表达准确、亲切、自然。通过召开新闻发布会或吹风会进行回应的，相关部门负责人或新闻发言人应当出席。对出面回应的政府工作人员，要给予一定的自主空间，宽容失误。各地区各部门要适应传播对象化、分众化趋势，进一步提高政务微博、微信和客户端的开通率，充分利用新兴媒体平等交流、互动传播的特点和政府网站的互动功能，提升回应信息的到达率。建立与宣传、网信等部门的快速反应和协调联动机制，加强与有关媒体和网站的沟通，扩大回应信息的传播范围。

四、加强督促检查和业务培训。各地区各部门要以政务舆情回应制度、回应机制、回应效果为重点，定期开展督查，切实做到解疑释惑、澄清事实，赢得公众理解和支持。进一步加大业务培训力度，利用2年时间，国务院新闻办牵头对各省（区、市）人民政府、国务院各部门分管负责同志和新闻发言人轮训一遍，各省（区、市）新闻办牵头对省直部门、市县两级政府的分管负责同志和新闻发言人轮训一遍，切实增强公开意识，转变理念，提高发布信息、解读政策、回应关切的能力。

五、建立政务舆情回应激励约束机制。各地区各部门要将政务舆情回应情况作为政务公开的重要内容纳入考核体系。各级政府办公厅（室）要定期对政务舆情回应的经验做法进行梳理汇总，对先进典型以适当方式进行推广交流，发挥好示范引导作用；对工作落实好的单位和个人，按照有关规定进行表彰。要建立政务舆情回应通报批评和约谈制度，定期对舆情回应工作情况进行通报，对工作消极、不作为且整改不到位的单位和个人进行约谈；对不按照规定公开政务，侵犯群众知情权且情节较重的，会同监察机关依法依规严肃追究责任。

国务院办公厅<br>2016 年 7 月 30 日

附件二

# 国务院办公厅印发《关于全面推进政务公开工作的意见》实施细则的通知

国办发〔2016〕80号

各省、自治区、直辖市人民政府，国务院各部委、各直属机构：

《〈关于全面推进政务公开工作的意见〉实施细则》已经国务院同意，现印发给你们，请结合实际认真贯彻落实。

国务院办公厅<br>2016年11月10日

## 《关于全面推进政务公开工作的意见》实施细则

为贯彻落实中共中央办公厅、国务院办公厅《关于全面推进政务公开工作的意见》要求，进一步推进决策、执行、管理、服务、结果公开（以下统称"五公开"），加强政策解读、回应社会关切、公开平台建设等工作，持续推动简政放权、放管结合、优化服务改革，制定本实施细则。

### 一、着力推进"五公开"

（一）将"五公开"要求落实到公文办理程序。行政机关拟制公文时，要明确主动公开、依申请公开、不予公开等属性，随公文一并报批，拟不公开的，要依法依规说明理由。对拟不公开的政策性文件，报批前应先送本单位政务公开工作机构审查。部门起草政府政策性文件代拟稿时，应对公开属性提出明确建议并说明理由；部门上报的发文请示件没有明确的公开属性建议的，或者没有依法依规说明不公开理由的，本级政府办公厅（室）可按规定予以退文。

（二）将"五公开"要求落实到会议办理程序。各地区各部门要于2017年底前，建立健全利益相关方、公众代表、专家、媒体等列席政府有关会议的制度，增强决策透明度。提交地方政府常务会议和国务院部门部务会议审议的重要改革方案和重大政策措施，除依法应当保密的外，应在决策前向社会公布决策草案、决策依据，广泛听取公众意见。对涉及公众利益、需要社会广泛知晓的电视电话会议，行政机关应积极采取广播电视、网络和新媒体直播等形式向社会公开。对涉及重大民生事项的会议议题，国务院部门、地方各级行政机关特别是市县两级政府制定会议方案时，应提出是否邀请有关方面人员列席会议、是否公开以及公开方式的意见，随会议方案一同报批；之前已公开征求意见的，应一并附上意见收集和采纳情况的说明。

（三）建立健全主动公开目录。推进主动公开目录体系建设，要坚持以公开为常态、不公开为例外，进一步明确各领域"五公开"的主体、内容、时限、方式等。2017年底前，发展改革、教育、工业和信息化、公安、民政、财政、人力资源社会保障、国土资源、交通运输、环保、住房和城乡建设、商务、卫生计生、海关、税务、工商、质检、安监、食品药品监管、证监、扶贫等国务院部门要在梳理本部门本系统应公开内容的基础上，制定本部门本系统的主动公开基本目录；2018年底前，国务院各部门应全面完成本部门本系统主动公开基本目录的编制工作，并动态更新，不断提升主动公开的标准化规范化水平。

（四）对公开内容进行动态扩展和定期审查。各地区各部门每年要根据党中央、国务院对政务公开工作的新要求以及公众关切，明确政务公开年度工作重点，把握好公开的力度和节奏，稳步有序拓展"五公开"范围，细化公开内容。各级行政机关要对照"五公开"要求，每年对本单位不予公开的信息以及依申请公开较为集中的信息进行全面自查，发现应公开未公开的信息应当公开，可转为主动公开的应当主动公开，自查整改情况应及时报送本级政府办公厅（室）。各级政府办公厅（室）要定期抽查，对发现的应公开未公开等问题及时督促整改。严格落实公开前保密审查机制，妥善处理好政务公开与保守国家秘密的关系。

（五）推进基层政务公开标准化规范化。在全国选取100个县（市、区）作为试点单位，重点围绕基层土地利用总体规划、税费收缴、征地补偿、拆迁安置、环境治理、公共事业投入、公共文化服务、扶贫救灾等群众关切信息，以及劳动就业、社会保险、社会救助、社会福利、户籍管理、宅基地审批、涉农补贴、医疗卫生等方面的政务服务事项，开展"五公开"标准化规范化试点工作，探索适应基层特点的公开方式，通过两年时间形成县乡政府政务公开标准规范，总结可推广、可复制的经验，切实优化政务服务，提升政府效能，破解企业和群众"办证多、办事难"问题，打通政府联系服务群众"最后一公里"。

## 二、强化政策解读

（一）做好国务院重大政策解读工作。

国务院部门是国务院政策解读的责任主体，要围绕国务院重大政策法规、规划方案和国务院常务会议议定事项等，通过参加国务院政策例行吹风会、新闻发布会、撰写解读文章、接受媒体采访和在线访谈等方式进行政策解读，全面深入介绍政策背景、主要内容、落实措施及工作进展，主动解疑释惑，积极引导国内舆论、影响国际舆论、管理社会预期。

国务院发布重大政策，国务院相关部门要进行权威解读，新华社进行权威发布，各中央新闻媒体转发。部门主要负责人是"第一解读人和责任人"，要敢于担当，通过发表讲话、撰写文章、接受访谈、参加发布会等多种方式，带头解读政策，传递权威信息。对以国务院或国务院办公厅名义印发的重大政策性文件，起草部门在上报代拟稿时应一并报送政策解读方案和解读材料，并抓好落实。需配发新闻稿件的，文件牵头起草部门应精心准备，充分征求相关部门意见，经本部门主要负责人审签，按程序报批后，由中央主要媒体播发。要充分发挥各部门政策参与制定者和掌握相关政策、熟悉有关领域业务的专家学者的作用，围绕国内外舆论关切，多角度、全方位、有序有效阐释政策，着力提升解读的权威性和针对性。对一些专业性较强的政策，进行形象化、通俗化解读，多举实例，多讲故事。

充分运用中央新闻媒体及所属网站、微博微信和客户端做好国务院重大政策宣传解读工作，发挥主流媒体"定向定调"作用，正确引导舆论。注重利用商业网站以及都市类、专业类媒体，做好分众化对象化传播。宣传、网信部门要加强指导协调，组织开展政策解读典型案例分析和效果评估，不断总结经验做法，督促问题整改，切实增强政策解读的传播力和影响力。

国务院政策例行吹风会是解读重大政策的重要平台，各部门要高度重视，主要负责人要积极参加，围绕吹风会议题，精心准备，加强衔接协调，做到精准吹风。对国际舆论重要关切事项，相关部门主要负责人要面向国际主流媒体，通过集体采访、独家访谈等多种形式，深入阐释回应，进一步提升吹风会实效。遇有重大突发事件和重要社会关切，相关部门主要负责人要及时主动参加吹风会，表明立场态度，发出权威声音。对各部门主要负责人参加国务院政策例行吹风会的情况要定期通报。

(二)加强各地区各部门政策解读工作。

各地区各部门要按照"谁起草、谁解读"的原则,做好政策解读工作。以部门名义印发的政策性文件,制发部门负责做好解读工作;部门联合发文的,牵头部门负责做好解读工作,其他联合发文部门配合。以政府名义印发的政策性文件,由起草部门做好解读工作。解读政策时,着重解读政策措施的背景依据、目标任务、主要内容、涉及范围、执行标准,以及注意事项、关键词诠释、惠民利民举措、新旧政策差异等,使政策内涵透明,避免误解误读。

坚持政策性文件与解读方案、解读材料同步组织、同步审签、同步部署。以部门名义印发的政策性文件,报批时应当将解读方案、解读材料一并报部门负责人审签。对以政府名义印发的政策性文件,牵头起草部门上报代拟稿时应将经本部门主要负责人审定的解读方案和解读材料一并报送,上报材料不齐全的,政府办公厅(室)按规定予以退文。文件公布前,要做好政策吹风解读和预期引导;文件公布时,相关解读材料应与文件同步在政府网站和媒体发布;文件执行过程中,要密切跟踪舆情,分段、多次、持续开展解读,及时解疑释惑,不断增强主动性、针对性和时效性。

对涉及群众切身利益、影响市场预期等重要政策,各地区各部门要善于运用媒体,实事求是、有的放矢开展政策解读,做好政府与市场、与社会的沟通工作,及时准确传递政策意图。要重视收集反馈的信息,针对市场和社会关切事项,更详细、更及时地做好政策解读,减少误解猜疑,稳定预期。

## 三、积极回应关切

(一)明确回应责任。按照属地管理、分级负责、谁主管谁负责的原则,做好政务舆情的回应工作,涉事责任部门是第一责任主体。对涉及国务院重大政策、重要工作部署的政务舆情,国务院相关部门是回应主体;涉及地方的政务舆情,属地涉事责任部门是回应主体;涉及多个地方的政务舆情,上级政府主管部门是回应主体。政府办公厅(室)会同宣传部门做好组织协调工作。

(二)突出舆情收集重点。重点了解涉及党中央国务院重要决策部署、政府常务会议和国务院部门部务会议议定事项的政务舆情信息;涉及公众切身利益且可能产生较大影响的媒体报道;引发媒体和公众关切、可能影响政府形象和公信力的舆情信息;涉及重大突发事件处置和自然灾害应对的舆情信息;严重冲击社会道德底线的民生舆情信息;严重危害社会秩序和国家利益的不实信息等。

(三)做好研判处置。建立健全政务舆情收集、会商、研判、回应、评估机制,对收集到的舆情加强研判,区别不同情况,进行分类处置。对建设性意见建议,吸收采纳情况要对外公开。对群众反映的实际困难,研究解决的情况要对外公布。对群众反映的重大问题,调查处置情况要及时发布。对公众不了解情况、存在模糊认识的,要主动发布权威信息,解疑释惑,澄清事实。对错误看法,要及时发布信息进行引导和纠正。对虚假和不实信息,要在及时回应的同时,将涉嫌违法的有关情况和线索移交公安机关、网络监管部门依法依规进行查处。进一步做好专项回应引导工作,重点围绕"两会"、经济数据发布和经济形势、重大改革举措、重大督查活动、重大突发事件等,做好舆情收集、研判和回应工作。

(四)提升回应效果。对涉及群众切身利益、影响市场预期和突发公共事件等重点事项,要及时发布信息。对涉及特别重大、重大突发事件的政务舆情,要快速反应,最迟要在5小时内发布权威信息,在24小时内举行新闻发布会,并根据工作进展情况,持续发布权威信息,有关地方和部门主要负责人要带头主动发声。针对重大政务舆情,建立与宣传、网信等部门的快速反应和协调联动机制,加强与有关新闻媒体和网站的沟通联系,着力提高回应的及时性、针对性、有效性。通过购买服务、完善大数据技术支撑等方式,用好专业力量,提高舆情分析处置的信息化水平。

## 四、加强平台建设

(一)强化政府网站建设和管理。各级政府办公厅(室)是本级政府网站建设管理的第一责任主体,负责本级政府门户网站建设以及对本地区政府网站的监督和管理;要加强与网信、编制、工信、公安、保密等部门的协作,对政府网站的开办、建设、定级、备案、运维、等级保护测评、服务、互动、安全和关停等进行监管。建立健全政府网站日常监测机制,及时发现和解决本地区、本系统政府网站存在的突出问题。推进网站集约化建设,将没有人力、财力保障的基层网站迁移到上级政府网站技术平台统一运营或向安全可控云服务平台迁移。加快出台全国政府网站发展指引,明确网站功能定位以及相关标准和要求,分区域分层级分门类对网站从开办到关停的全生命周期进行规范。

(二)加强网站之间协同联动。打通各地区各部门政府网站,加强资源整合和开放共享,提升网站的集群效应,形成一体化的政务服务网络。国务院通过中国政府网发布的对全局工作有指导意义、需要社会广泛知晓的重要政策信息,国务院各部门和地方各级政府网站要即时充分转载;涉及某个行业或地区的政策信息,有关部门和地方网站应及时转载。国务院办公厅定期对国务院部门、省级政府、市县政府门户网站转载情况进行专项检查。要加强政府网站与主要新闻媒体、新闻网站、商业网站的联动,通过合办专栏专版等方式,提升网站的集群和扩散效应,形成传播合力，提升传播效果。

（三）充分利用新闻媒体平台。新闻媒体是政务公开的重要平台。各级政府及其部门要在立足政府网站、政务微博微信、政务客户端等政务公开自有平台的基础上，加强与宣传、网信等部门以及新闻媒体的沟通联系，充分运用新闻媒体资源，做好政务公开工作。要通过主动向媒体提供素材，召开媒体通气会，推荐掌握相关政策、熟悉相关领域业务的专家学者接受媒体访谈等方式，畅通媒体采访渠道，更好地发挥新闻媒体的公开平台作用。积极安排中央和地方主流媒体及其新媒体负责人列席有关会议，进一步扩大政务公开的覆盖面和影响力。

（四）发挥好政府公报的标准文本作用。政府公报要及时准确刊登本级政府及其部门发布的规章和规范性文件，做到应登尽登，为公众查阅、司法审判等提供有效的标准文本。各级政府要推进历史公报数字化工作，争取到"十三五"期末，建立覆盖创刊以来本级政府公报刊登内容的数据库，在本级政府网站等提供在线服务，方便公众查阅。

## 五、扩大公众参与

（一）明确公众参与事项范围。围绕政府中心工作，细化公众参与事项的范围，让公众更大程度参与政策制定、执行和监督。国务院部门要重点围绕国民经济和社会发展计划、重大规划，国家和社会管理重要事务、法律议案和行政法规草案等，根据需要通过多种方式扩大公众参与。省级政府要重点围绕国民经济和社会发展规划、年度计划，省级社会管理事务、政府规章和重要政策措施、重大建设项目等重要决策事项，着力做好公众参与工作。市县级政府要重点围绕市场监管、经济社会发展和惠民政策措施的执行落地，着力加强利益相关方和社会公众的参与。

（二）规范公众参与方式。完善民意汇集机制，激发公众参与的积极性。涉及重大公共利益和公众权益的重要决策，除依法应当保密的外，须通过征求意见、听证座谈、咨询协商、列席会议、媒体吹风等方式扩大公众参与。行政机关要严格落实法律法规规定的听证程序，提高行政执法的透明度和认可度。发挥好人大代表、政协委员、民主党派、人民团体、社会公众、新闻媒体的监督作用，积极运用第三方评估等方式，做好对政策措施执行情况的评估和监督工作。公开征求意见的采纳情况应予公布，相对集中的意见建议不予采纳的，公布时要说明理由。

（三）完善公众参与渠道。积极探索公众参与新模式，不断拓展政府网站的民意征集、网民留言办理等互动功能，积极利用新媒体搭建公众参与新平台，加强政府热线、广播电视问政、领导信箱、政府开放日等平台建设，提高政府公共政策制定、公共管理、公共服务的响应速度，增进公众对政府工作的认同和支持。

## 六、加强组织领导

（一）强化地方政府责任。地方各级政府要充分认识互联网环境下做好政务公开工作的重大意义，转变理念，提高认识，将政务公开纳入重要议事日程，主要负责人亲自抓，明确一位分管负责人具体抓，推动本地区各级行政机关做好信息公开、政策解读、回应关切等工作。主要负责人每年至少听取一次政务公开工作汇报，研究推动工作，有关情况和分管负责人工作分工应对外公布。要组织实施好基层政务公开标准化规范化试点工作，让政府施政更加透明高效，便利企业和群众办事创业。

（二）建立健全政务公开领导机制。调整全国政务公开领导小组，协调处理政务公开顶层设计和重大问题，部署推进工作。各地区各部门也要建立健全政务公开协调机制。各级政府政务公开协调机制成员单位由政府有关部门、宣传部门、网信部门等组成。

（三）完善政务公开工作机制。各地区各部门要整合力量，理顺机制，明确承担政务公开工作的机构，配齐配强工作人员。政务公开机构负责组织协调、指导推进、监督检查本地区本系统的政务公开工作，做好本行政机关信息公开、政府网站、政府公报、政策解读、回应关切、公众参与等工作。在政务公开协调机制下，各级政府及其部门要与宣传部门、网信部门紧密协作，指导协调主要媒体、重点新闻网站和主要商业网站，充分利用各媒体平台、运用全媒体手段做好政务公开工作。各地区各部门要完善信息发布协调机制，对涉及其他地方、部门的政府信息，应当与有关单位沟通确认，确保发布的信息准确一致。

（四）建立效果评估机制。政府办公厅（室）要建立健全科学、合理、有效的量化评估指标体系，适时通过第三方评估、民意调查等方式，加强对信息公开、政策解读、回应关切、媒体参与等方面的评估，并根据评估结果不断调整优化政务公开的方式方法。评估结果要作为政务公开绩效考核的重要参考。

（五）加强政务公开教育培训。各地区各部门要制定政务公开专项业务培训计划，组织开展业务培训和研讨交流，2018年底前对政务公开工作人员轮训一遍。各级行政学院等干部培训院校应将政务公开纳入干部培训课程，着力强化各级领导干部在互联网环境下的政务公开理念，提高指导、推动政务公开工作的能力和水平。政务公开工作人员要加强政策理论学习和业务研究，准确把握政策精神，增强专业素养。

（六）强化考核问责机制。各地区各部门要将信息公开、政策解读、回应关切、媒体参与等方面情况作为政务公开的重要内容纳入绩效考核体系，政务公开工作分值权重不应低于4%。强化政务公开工作责任追究，定期对政务公开工作开展情况进行督查，对政务公开工作推动有力、积极参与的单位和个人，要按照有关规定进行表彰；对重要信息不发布、重大政策不解读、热点回应不及时的，要严肃批评、公开通报；对弄虚作假、隐瞒实情、欺骗公众，造成严重社会影响的，要依纪依法追究相关单位和人员责任。

政务公开是行政机关全面推进决策、执行、管理、服务、结果全过程公开，加强政策解读、回应关切、平台建设、数据开放，保障公众知情权、参与权、表达权和监督权，增强政府公信力执行力，提升政府治理能力的制度安排。各级行政机关、法律法规授权的具有管理公共事务职能的组织为《关于全面推进政务公开工作的意见》的适用主体，公共企业事业单位参照执行。公民、法人和其他组织向行政机关申请获取相关政府信息的，行政机关应依据《中华人民共和国政府信息公开条例》的规定妥善处理。

附件三

# 中华人民共和国外国常驻新闻机构和外国记者采访条例

国令第 537 号

## 中华人民共和国国务院令

第 537 号

《中华人民共和国外国常驻新闻机构和外国记者采访条例》已经 2008 年 10 月 17 日国务院第 31 次常务会议通过,现予公布,自 2008 年 10 月 17 日起施行。

总理　温家宝<br>二〇〇八年十月十七日

## 中华人民共和国外国常驻新闻机构和外国记者采访条例

**第一条** 为了便于外国常驻新闻机构和外国记者在中华人民共和国境内依法采访报道,促进国际交往和信息传播,制定本条例。

**第二条** 本条例所称外国常驻新闻机构，是指外国新闻机构在中国境内设立、从事新闻采访报道业务的分支机构。

本条例所称外国记者包括外国常驻记者和外国短期采访记者。外国常驻记者是指由外国新闻机构派遣，在中国境内常驻6个月以上、从事新闻采访报道业务的职业记者；外国短期采访记者是指在中国境内停留期不超过6个月、从事新闻采访报道业务的职业记者。

**第三条** 中国实行对外开放的基本国策，依法保障外国常驻新闻机构和外国记者的合法权益，并为其依法从事新闻采访报道业务提供便利。

**第四条** 外国常驻新闻机构和外国记者应当遵守中国法律、法规和规章，遵守新闻职业道德，客观、公正地进行采访报道，不得进行与其机构性质或者记者身份不符的活动。

**第五条** 中华人民共和国外交部（以下简称外交部）主管外国常驻新闻机构和外国记者事务。国务院新闻办公室和其他部门在各自职责范围内负责外国常驻新闻机构和外国记者有关事务。

地方人民政府外事部门受外交部委托，办理本行政区域内外国常驻新闻机构和外国记者事务。地方人民政府新闻办公室和其他部门在各自职责范围内负责本行政区域内外国常驻新闻机构和外国记者有关事务。

**第六条** 外国新闻机构在中国境内设立常驻新闻机构、向中国派遣常驻记者，应当经外交部批准。

**第七条** 外国新闻机构申请在中国境内设立常驻新闻机构，应当直接或者通过中国驻外使领馆向外交部提交以下材料：

（一）由该新闻机构总部主要负责人签署的书面申请；

（二）该新闻机构情况介绍；

（三）拟设立机构的负责人、拟派遣的常驻记者以及工作人员情况介绍；

（四）该新闻机构在所在国设立的证明文件副本。

**第八条** 在中国境内设立常驻新闻机构的申请经批准后，该常驻新闻机构负责人应当自抵达中国之日起7个工作日内，持本人护照到外交部办理外国常驻新闻机构证；其中，驻北京市以外地区的常驻新闻机构，其负责人应当自抵达中国之日起7个工作日内，持本人护照到外交部委托的地方人民政府外事部门办理外国常驻新闻机构证。

**第九条** 外国新闻机构申请向中国派遣常驻记者，应当直接或者通过中国驻外使领馆向外交部提交以下材料：

（一）由该新闻机构总部负责人签署的书面申请；

（二）拟派遣记者情况介绍；

（三）拟派遣记者在所在国从事职业活动的证明文件副本。

两个以上外国新闻机构派遣同一名常驻记者的，应当依照前款规定分别办理申请手续，并在各自的书面申请中注明该记者所兼职的外国新闻机构。

**第十条** 向中国派遣常驻记者的申请经批准后，被派遣的外国记者应当自抵达中国之日起7个工作日内，持本人护照到外交部办理外国常驻记者证；其中，驻北京市以外地区的常驻记者，应当自抵达中国之日起7个工作日内，持本人护照到外交部委托的地方人民政府外事部门办理外国常驻记者证。

外国记者办理外国常驻记者证后，应当到居住地公安机关办理居留证。

**第十一条** 外国常驻新闻机构变更机构名称、常驻地区等事项，应当向外交部提交书面申请，经批准后办理变更手续。

外国常驻新闻机构变更负责人、办公地址等事项，应当在变更后7个工作日内书面告知外交部；其中，驻北京市以外地区的常驻新闻机构变更负责人、办公地址等事项，应当在变更后7个工作日内书面告知外交部委托的地方人民政府外事部门。

第十二条 外国常驻记者证有效期届满需要延期的,外国常驻记者应当提前向外交部或者外交部委托的地方人民政府外事部门提出申请,办理延期手续;逾期不办理的,视为自动放弃外国常驻记者资格,其外国常驻记者证将被注销。

第十三条 外国常驻新闻机构拟终止业务的,应当在终止业务30日前告知外交部,并自终止业务之日起7个工作日内到外交部或者外交部委托的地方人民政府外事部门办理外国常驻新闻机构证及其常驻记者的外国常驻记者证注销手续。

外国常驻新闻机构连续10个月以上无常驻记者,视为该机构已经自动终止业务,其外国常驻新闻机构证将被注销。

外国常驻记者在中国境内居留时间每年累计少于6个月的,其外国常驻记者证将被注销。

外国常驻新闻机构应当在其常驻记者离任前到外交部或者外交部委托的地方人民政府外事部门办理该记者外国常驻记者证注销手续。

第十四条 外国常驻新闻机构证、外国常驻记者证被注销后,应当向社会公布。

外国常驻记者证被注销的记者,其记者签证自注销之日起10日后自动失效。

外国常驻记者证被注销的记者,应当自外国常驻记者证被注销之日起10日内持相关证明,到居住地公安机关申请办理签证或者居留证变更登记。

第十五条 外国记者常驻或者短期采访,应当向中国驻外使领馆或者外交部授权的签证机构申请办理记者签证。

第十六条 外国记者随国家元首、政府首脑、议长、王室成员或者高级政府官员来中国访问,应当由该国外交部或者相关部门向中国驻外使领馆或者外交部授权的签证机构统一申请办理记者签证。

第十七条 外国记者在中国境内采访，需征得被采访单位和个人的同意。

外国记者采访时应当携带并出示外国常驻记者证或者短期采访记者签证。

第十八条 外国常驻新闻机构和外国记者可以通过外事服务单位聘用中国公民从事辅助工作。外事服务单位由外交部或者外交部委托的地方人民政府外事部门指定。

第十九条 外国常驻新闻机构和外国记者因采访报道需要，在依法履行报批手续后，可以临时进口、设置和使用无线电通信设备。

第二十条 外国人未取得或者未持有有效的外国常驻记者证或者短期采访记者签证，在中国境内从事新闻采访报道活动的，由公安机关责令其停止新闻采访报道活动，并依照有关法律予以处理。

第二十一条 外国常驻新闻机构和外国记者违反本条例规定的，由外交部予以警告，责令暂停或者终止其业务活动；情节严重的，吊销其外国常驻新闻机构证、外国常驻记者证或者记者签证。

第二十二条 外国常驻新闻机构和外国记者违反中国其他法律、法规和规章规定的，依法处理；情节严重的，由外交部吊销其外国常驻新闻机构证、外国常驻记者证或者记者签证。

第二十三条 本条例自2008年10月17日起施行。1990年1月19日国务院公布的《外国记者和外国常驻新闻机构管理条例》同时废止。